LUDOVIC SCIOUT

LE DIRECTOIRE

ET

LA RÉPUBLIQUE ROMAINE

Extrait de la *Revue des questions historiques*, janvier 1886.

PARIS
LIBRAIRIE DE VICTOR PALMÉ, ÉDITEUR
76, Rue des Saints Pères, 76

1886

LUDOVIC SCIOUT

LE DIRECTOIRE

ET

LA RÉPUBLIQUE ROMAINE

Extrait de la *Revue des questions historiques*, janvier 1886.

PARIS
LIBRAIRIE DE VICTOR PALMÉ, ÉDITEUR
76, Rue des Saints Pères, 76

1886

LE DIRECTOIRE

ET

LA RÉPUBLIQUE ROMAINE

Après le coup d'état du 18 Fructidor, tout le monde s'attendit à voir le Directoire envahir Rome sous un prétexte quelconque. Il avait déjà ruiné peu à peu les antiques gouvernements de Gènes et de Venise, avec une astuce et une déloyauté infâmes, avant d'employer contre eux la menace brutale et la force ouverte. C'étaient sans doute des républiques, mais des républiques fondées sur des principes bien différents de ceux de la Constitution de l'an III, interprétée par les triumvirs fructidoriens ! Elles avaient une longue et glorieuse histoire, et tout, dans l'Europe révolutionnée, devait dater du 10 août 1792 ! Tant de crimes accumulés méritaient la mort ! A plus forte raison, l'État pontifical, bien qu'amoindri et à moitié ruiné par le traité de Tolentino, devait être regardé comme condamné par les révolutionnaires qu'il exaspérait par le seul fait de son existence. Les Directeurs et leurs partisans étaient au plus haut degré possédés de la rage de persécuter, et désiraient ardemment enlever la liberté de sa personne et de son ministère au chef de l'Église, comme ils l'avaient fait à tant de prêtres et d'évêques français. Un autre motif très impérieux les poussait encore contre Rome. Ils étaient sans argent ; ils venaient de décréter la banqueroute, les nouvelles républiques Cisalpine et Ligurienne étaient presque épuisées, et cependant il leur fallait gorger tous leurs complices du 18 fructidor, récompenser surtout ces généraux, officiers, agents divers de l'armée d'Italie, qui avaient envoyé en son nom tant d'adresses séditieuses contre les Conseils, menacé de marcher sur Paris, et fait une sorte de *pronunciamento*. Prêtrophobes, ils voulaient à tout prix satisfaire leur rage fanatique contre le Pape. Banqueroutiers, ils voulaient piller tout ce qui restait encore à Rome et dans l'État romain après le traité de Tolentino [1] !

Quand bien même Duphot [2] ne se serait pas fait tuer par sa faute dans une émeute, le Directoire n'en aurait pas moins envahi tôt ou tard l'État pontifical par fanatisme révolutionnaire, et pour y trouver de l'argent. Il aurait fort aisément inventé un prétexte de la force de ceux qui lui avaient déjà servi contre Gènes et Venise, et qui allaient lui servir pour rançonner et renverser les vieilles républiques suisses. La mort de Duphot l'en dispensa. Tout était arrangé par avance; l'armée était prête, Berthier arriva de Milan à Rome avec la rapidité de l'éclair, dit le cardinal Consalvi. Cette expédition si peu glorieuse ne fut pas même conduite avec franchise : on arriva sournoisement sans avouer le but auquel on tendait, afin de s'emparer de Rome par surprise, et de ne n'avoir pas à combattre l'armée napoli-

[1] Un peu avant l'affaire de Duphot le Directoire, qui se prétendait scrupuleux observateur des traités, cherchait sournoisement à démembrer l'Etat pontifical. Par l'article 8 du traité de Tolentino il occupait Ancône jusqu'à la paix continentale. D'accord avec les révolutionnaires, il travaillait secrètement à l'enlever au Pape avec plusieurs provinces voisines en y établissant une république de sa façon : au commencement de frimaire an V, il donnait à Berthier les instructions suivantes. « Vous devez *sans reconnaître positivement* la république Anconitaine, la traiter avec egard, et *favoriser son organisation le plus qu'il vous sera possible.* » Archives nat. A F 3, c. 185.

[2] Il est certain que la mort de Duphot ne peut être imputée qu'à son imprudence : il paraît même assez probable, que dans cette émeute qu'il voulait apaiser, a-t-on dit, il a commis un acte positif d'agression contre les soldats pontificaux. Le Directoire eut l'impudence d'accuser le Pape d'avoir organisé cette émeute *contre lui-même* pour tuer l'ambassadeur Joseph Bonaparte, et un personnage aussi insignifiant que Duphot, ce qui aurait été évidemment très profitable à la cour de Rome ! Mais les mêmes gens n'ont-ils pas dit que Louis XVI, pour faire massacrer le peuple, avait organisé la journée du 10 août ? et que dans la nuit du 18 fructidor le Directoire avait été attaqué par les Chouans ! La lettre par laquelle Joseph Bonaparte annonce que Duphot a été tué, prouve avec de très grands détails que cette émeute prétendue organisée par le gouvernement l'avait été par de vrais révolutionnaires, qu'il connaissait très bien pour tels, et qui, protégés par le Directoire, venaient constamment à l'ambassade : il raconte même que ce jour là, ils sont venus le relancer, beaucoup trop ouvertement, à son grand ennui, pour lui demander l'appui de la France en cas de succès.

taine [1]. Même lorsque l'armée française occupa Rome sans résistance, le 10 février 1798, Berthier parla seulement de lever sur le Pape une contribution de quelques millions, et il ne fut pas question de république. Cette comédie de modération relative dura jusqu'au 15 février : les Napolitains n'attaquèrent point ; alors on jeta le masque, et une ridicule proclamation annonça une nouvelle république romaine [2].

[1] Bonaparte, sans s'inquiéter des clameurs révolutionnaires, avait toujours jugé l'envahissement de Rome très périlleux, soit au point de vue politique, soit au point de vue militaire. L'occupation de Rome rendait inévitable celle de Naples, et il semble toujours avoir pressenti les honteux excès et les désastres militaires que cette double conquête devait entraîner. S'il avait été encore général en chef de l'armée d'Italie, au moment de la mort de Duphot, il aurait entravé habilement cette expédition. Pour en atténuer les inconvénients le Directoire, sous son inspiration, indiqua à Berthier une série de manœuvres, et aussi de fourberies qui permettaient d'éviter un conflit avec l'armée napolitaine. « Si vous n'aviez à craindre que les *Papistes*, la moitié des forces que le Directoire désire que vous réunissiez à Ancône vous suffirait ; mais il faut que vous soyez dans une position qui puisse en imposer au roi de Naples... » Il devait d'abord l'amadouer, gagner du temps, dire que l'affaire pouvait s'arranger avec le Pape, éviter avant tout son intervention, et lorsqu'il serait près de Rome, effrayer le Pape et le faire fuir..., Mais si le roi de Naples intervenait avec des forces imposantes : alors « vous feriez *votre traité avec le Pape qui reconnaîtrait l'indépendance de la république Anconitaine*, et composée de la province de Macerata, du duché d'Urbin, et généralement tous les pays en deçà de l'Apennin. » Archives nationales, A F 3, c. 85.

[2] M. Thiers, qui exalte ordinairement tous les actes de la révolution, raconte l'établissement de la république romaine avec fort peu d'enthousiasme. Cette froideur s'explique très bien. M. Thiers a connu beaucoup de révolutionnaires du Directoire et aucun d'eux ne prenait cette république au sérieux. Les opinions sur Rome des agents du Directoire en Italie sont très instructives à relever. Malgré leur prêtrophobie ils étaient opposés à l'établissement d'une république romaine. Ainsi le 22 floréal an IV Faipoult écrit au Directoire qu'il ne faut pas songer à une république italienne, qu'il vaut mieux laisser Rome au Pape, ou la donner à quelque prince d'Allemagne ! Le caractère italien, selon lui, n'est pas suffisamment révolutionnaire : et le 23 thermidor, tout en déclamant contre le pouvoir temporel, il conseille de donner Rome au duc de Parme qui est très soumis à la France, car les Romains ne sont pas faits pour vivre en république ! Les autres agents du Directoire, Cacault, Miot, Belleville proposent de livrer Rome à quelque prince. Le général Clarke, envoyé en Italie, se montre très opposé au renversement du Pape. (Note à Bonaparte, frimaire an V, et lettre à Carnot, 1 ventôse an V.) Archives nationales. A F 3, 59.

I

Pour inaugurer cette république improvisée, Berthier s'était mis en frais d'éloquence.

« Mânes des Caton, des Pompée, des Brutus, des Cicéron, recevez l'hommage des Français libres dans le Capitole, où vous avez tant de fois défendu les droits du peuple, et illustré la république romaine. Ces enfants des Gaulois, l'olivier de la paix à la main, viennent dans ce lieu auguste y rétablir les autels de la liberté dressés par le premier des Brutus. Et vous, peuple romain, qui venez de reprendre vos droits légitimes, rappelez-vous ce sang qui coule dans vos veines ! Jetez les yeux sur les monuments de gloire qui vous environnent ! Reprenez votre antique grandeur et les vertus de vos pères ! »

Puis il invitait les Romains à se montrer dignes de leurs ancêtres.

Cette nouvelle république romaine ne pouvait être qu'une grotesque copie de la république française, avec quelques désignations empruntées à l'ancienne Rome. Ceux qui relevaient au Capitole « les autels dressés par le premier des Brutus » s'étaient ridiculement affublés d'un travestissement romain, et la France avait été inondée de Mucius, de Brutus, de Scevola, de Publicola, qui dans leurs discours aux clubs et à la Convention parodiaient les héros de Tite Live. Sans doute ce carnaval n'était plus toléré, quant aux noms du moins, mais les cerveaux révolutionnaires étaient toujours entichés de cet absurde romanisme, et ce fut lui qui arrangea une constitution à Rome « régénérée. »

Cette constitution, proclamée le produit de la libre volonté des Romains, est peut-être encore plus servilement calquée sur la Constitution de l'an III que celles de la Cisalpine et de la Ligurie. On s'est contenté de rayer certaines dispositions très secondaires, qui ne peuvent être transportées dans une constitution faite pour un autre pays que la France, et de remplacer les noms de certains fonctionnaires par des noms empruntés plus ou moins heureusement à l'ancienne Rome. Les dispositions nouvelles sont extrêmement rares.

Le préambule est calqué sur celui de la Constitution de l'an III, mais on y a mis « le peuple romain » au lieu de « le peuple Français » et « Dieu » à la place de « l'Être suprême, » pour flatter les vieux préjugés des Romains modernes. Les Droits et les Devoirs sont les mêmes.

Le chapitre de la division du territoire a été forcément modifié, — il y a huit départements romains [1], — aucun d'eux ne peut dépasser cinquante-cinq myriamètres carrés : la Constitution française en permet cent.

Dans le Titre II, *État politique des citoyens*, mêmes exigences. Seulement à partir du 1er Vendémiaire an VII, l'étranger, pour devenir citoyen romain, devra justifier de quatorze ans de séjour. Il n'en faut que sept en France.

L'article 8 exclut et bannit tous les individus inscrits sur les listes des émigrés. Précieuse importation française !

Mêmes dispositions sur l'exercice et la perte des droits de citoyen, sauf l'article 15 qui exige qu'à Rome, le citoyen sache lire et écrire en l'an XV, et non en l'an XII comme dans la Constitution française,

Dans le Titre III on romanise seulement les expressions : le 1er Germinal, le peuple romain, comme le peuple français, se réunit en *Comices* (au lieu d'Assemblées primaires). Le juge de paix est appelé fort mal à propos préteur. Les assemblées communales sont des *tribus*. L'article 32 contient une disposition nouvelle ; les électeurs après leur nomination se réduisent à moitié par un tirage au sort.

L'article 34 modifie un peu le système censitaire français ; il suffira d'être propriétaire, ou usufruitier, ou locataire, ou fermier d'un bien dont le revenu soit égal à la valeur locale de cent cinquante journées de travail.

Le Directeur du jury d'accusation, est appelé *président du tribunal de censure*. Le Commissaire du Directoire, *Préfet consulaire*.

Le Titre V établit aussi deux Conseils. Le Sénat et le Tribunat qui correspondent aux Anciens et aux Cinq cents, avec cette différence que le Sénat sera renouvelé tous les *deux ans*

[1] Ils furent nommés, Cimino, Circeo, Clitunno, Metauro (Ancône, Fano, Sinigaglia), Musone, Tevere (Rome), Trasimeno (Pérouse), Tronto.

par quart, et le Tribunat par tiers. Les membres sortants du Sénat après huit ans, du Tribunat après six ans pourront être réélus aussitôt pour la même durée. En aucun cas on ne pourra rester de suite plus de seize ans au Sénat, plus de douze ans au Tribunat.

L'article 56 innove, en donnant des vacances aux Conseils.

L'article 62 (voyez 65 français) décide qu'au Sénat toute délibération aura lieu par appel nominal, au scrutin secret.

L'article 65 donne aux législateurs une indemnité de douze cents myriagrammes de froment : l'article 68 français en accorde trois mille.

Chaque Conseil a sa garde séparée, égale à celle de l'autre, et à celle des Consuls.

Le Consulat (article 66) ne peut faire passer de troupes dans la distance de deux myriamètres des conseils : le fameux article 69 français dit six myriamètres.

Le Tribunat se compose de soixante-douze membres de vingt-cinq ans d'âge, et trois ans de domicile : les Cinq cents devaient avoir trente ans d'âge (après l'an VII) et dix ans de domicile. Pour les délibérations, la présence de trente-six tribuns, c'est-à-dire de la moitié, est indispensable : en France il suffit de la présence de deux cents députés sur cinq cents.

L'article 74 introduit une disposition nouvelle. Si des amendements sont présentés après la troisième lecture, on peut rejeter de suite le projet, mais on ne peut l'adopter qu'après dix jours.

Le Sénat se compose de trente-deux membres électifs, et de tous les Consuls ni démissionnés, ni destitués qui n'occupent pas d'autres fonctions : ils siégeront huit ans après leur sortie.

Pour être élu au Sénat, il suffit de trente-cinq ans d'âge et de cinq ans de domicile : les anciens doivent avoir quarante ans, quinze ans de domicile.

Pour combler une lacune de la Constitution française, la Constitution romaine déclare que le Sénat doit statuer dans le mois de l'envoi de chaque résolution du Tribunat. S'il ne statue pas, le Tribunat peut l'y inviter par un message ; il a un nouveau délai d'un mois, et s'il persiste dans son inaction, le Tribunat peut déclarer que, par son silence, le Sénat approuve sa résolution, et la faire promulguer comme loi par les Consuls (art. 99 et 100).

Aucune loi ne peut être abrogée que sur la proposition préalable et nécessaire des Consuls; c'est encore une innovation!

Les Messagers d'État sont à Rome des *Nonces*.

Le Pouvoir exécutif se compose de cinq *Consuls* au lieu de directeurs. Ici l'antiquité romaine est sacrifiée à la Constitution de l'an III! Ces directeurs Consuls (art. 136) doivent avoir trente-cinq ans (au lieu de quarante) et être mariés ou veufs,ce qui est une innovation. Leur mode d'élection est modifié. Le Tribunat fait une liste de six candidats, le Sénat en retranche trois par le sort, puis élit le Consul parmi les trois autres. A partir de l'an VIII les députés ne peuvent être élus Consuls ou Ministres qu'après leur sortie des Conseils.

L'article 43 contient une petite innovation. S'il faut nommer plus d'un Consul, le Tribunat et le Sénat auront chacun deux jours pour procéder à l'élection.

Le traitement d'un Consul est de *quinze mille* myriagrammes de froment; un directeur en reçoit *cinquante mille*.

L'agent municipal de chaque commune est appelé pompeusement *édile*.

Le Bureau central, dans les communes qui renferment plusieurs municipalités, se compose de trois *grands édiles*.

La Constitution romaine donne de grandes garanties aux administrateurs contre toute immixtion du pouvoir judiciaire.

L'article 205 français portant que la justice est rendue gratuitement, n'est pas reproduit.

Le système judiciaire de la Constitution de l'an III est repris pour les Romains. Mais le juge de paix est *préteur*, la Cour de cassation s'appelle *Haute Préture :* un greffier est un *scribe !*

La justice criminelle est *censoriale*.

L'article 236 exige des jurés serment de haine à la royauté et à l'anarchie, d'attachement à la république et à la Constitution. Ils seront tenus de juger à l'unanimité et dans les vingt-quatre heures, hors de toute communication. S'ils déclarent ne pouvoir s'accorder, ils voteront à la majorité absolue.

Les listes des jurés formées par le directeur du jury et le président du tribunal criminel peuvent être annulées par les Consuls.

L'article 251 décide que, pour être membre du Tribunal de

Haute Préture (Cassation),il faut être marié ou veuf. Cette condition qui dans la Constitution de l'an III n'est imposée qu'aux Anciens, est dans la Constitution romaine exigée pour plusieurs fonctions importantes, dans le but évident d'écarter les prêtres que par hypocrisie on n'ose pas déclarer exclus de ces emplois.

Rien n'est changé aux articles sur la force armée, et sur l'instruction publique, seulement le logement des instituteurs est supprimé. Des fêtes publiques sont établies comme en France.

Mêmes dispositions sur les finances, mais la trésorerie nationale s'appelle *Grande questure*, et les cinq *commissaires de la trésorerie* sont remplacés par trois *grands questeurs* qui doivent être mariés ou veufs.

Sur les relations extérieures mêmes articles.

Les dispositions générales de la Constitution de l'an VIII sont reproduites pour la plupart, notamment celle qui proscrit les vœux religieux. On s'empressa de l'appliquer.

L'article 344 reconnaît en principe la liberté de la presse, mais l'ajourne jusqu'à ce qu'on ait fait une loi.

L'article 364 adopte l'ère républicaine française !! l'article 365 promet une loi contre les émigrés. Elle fut faite !

L'article 354 de la Constitution française sur la liberté religieuse est omis. La Constitution romaine ne s'explique pas sur le culte !

Mais tout ce qui précède n'est fait que pour la parade !

Les articles 368 et 369 ajournent réellement la mise en vigueur de cette Constitution. L'article 368 décide que toutes les nominations attribuées soit aux Consuls, soit aux électeurs, seront remplies pour la première fois par le Général de l'armée française, et en outre : « En faisant ces nominations, le Général *ne sera point lié par les règles établies par ladite Constitution.* Tous ceux qu'il nommera aux fonctions civiles et militaires *acquerront le droit de cité romaine.* »

Le Directoire se réserve ainsi la faculté de donner à la nouvelle république pour officiers ou fonctionnaires,des Français et des Cisalpins reconnus implaçables dans leurs patries !

L'article 369 déclare que jusqu'au traité d'alliance entre les deux républiques, toute loi faite par les Conseils ne pourra être promulguée et exécutée qu'avec la permission du Général français, qui, de son côté, pourra faire toutes les lois qu'il jugera urgentes, d'après les instructions du Directoire français, et le Consulat devra promulguer les lois du Général comme celles qui ont été faites par les Conseils !

On voit que la Constitution romaine n'est qu'une véritable farce ! Le Directoire nomme à toutes les fonctions, régit la république en maître absolu, pour lui enlever tout son argent et confisquer tous les biens qui le tentent. Quand il l'aura bien plumée, alors seulement il lui permettra de se servir quelque peu de sa Constitution, tout en la surveillant très étroitement. Il a du reste suivi le même système avec les autres républiques d'Italie.

Le 26 Ventôse le Général en chef Masséna, en vertu de l'article 368, nomma Consuls les citoyens Liborio Angelucci, de Rome, médecin-accoucheur, Giacomo de Matheis, de Frosinone, Panazzi d'Ancône, Reppi, et Ennio Quirino Visconti, de Rome. Bassal *dimorante in Roma* (c'est son seul titre), fut nommé secrétaire du Consulat : c'était un prêtre apostat, marié, ancien conventionnel, régicide, sans aucun talent, et que le Directoire dut mettre l'année suivante en jugement pour ses extorsions. Les ministres furent, Torrighioni, de Rome, à la justice et police, Camillo Corona, de Rome, à l'intérieur, Annibal Mariotti de Pérouse, aux finances, Brémond, de Rome, aux relations extérieures, à la guerre et à la marine. Le Général en chef nomma aussi vingt-six Sénateurs et cinquante et un Tribuns : les autres places devaient être remplies bientôt, mais ce fut son successeur Dallemagne qui compléta les Conseils. Il nomma aussi Giovanni Buffalini ministre des finances en remplacement de Mariotti qui n'accepta point ce poste peu enviable. Trois Sénateurs et trois Tribuns nommés refusèrent de siéger.

La république romaine, malgré les belles protestations du Directoire, fut aussitôt après l'entrée des Français livrée aux intrigants et aux voleurs, civils et militaires. Berthier avait été immédiatement rappelé à Paris et remplacé par Masséna. Le suisse Haller était administrateur général des finances ; c'était un homme très expert dans l'art de tondre et les vaincus et les peuples vassaux [1]. Tous ces oiseaux de proie qui avaient déjà

[1] Haller, ami de Danton, avait aidé à piller la Belgique : plus tard il était devenu Robespierriste, fournisseur des armées des Alpes et d'Italie, et avait fait de très belles affaires avec l'aide de Barras et de Robespierre jeune. Après thermidor, Barras sauva la tête d'Haller qui devint son agent en Italie : et ils réalisèrent ensemble d'immenses bénéfices.

déchiqueté la république cisalpine vinrent s'abattre sur Rome. Les couvents, les palais furent pillés par des officiers supérieurs, par des agents du gouvernement qui vendaient les objets détournés à des Juifs à la suite de l'armée. On pilla les Romains, on vola le trésor public qui comptait sur les produits de sa conquête pour payer une armée privée de solde depuis cinq mois. Tout cela se fit avec une impudence admirable, en face du peuple opprimé, et de l'armée française affamée. On se serait cru en France, au beau temps des proconsuls et des comités révolutionnaires. Ces dilapidations eurent pour conséquence directe une rébellion militaire, qui a fait trop de bruit pour qu'il fût possible de la dissimuler, ou même d'en atténuer la gravité.

Le général Masséna fut accusé par sa propre armée d'autoriser tous ces pillages et d'en profiter lui-même. De nombreux officiers supérieurs étalaient audacieusement des richesses volées, et laissaient l'armée, témoin de toutes ces hontes, dans le plus complet dénûment. Bien que ce spectacle ne lui fût guère nouveau, cette fois elle perdit patience. Il y eut une révolte contre Masséna. Beaucoup d'officiers se réunirent dans une église, et déclarèrent, en lançant contre lui les accusations les plus graves, qu'ils ne voulaient plus servir sous un pareil chef. Une partie de la population se souleva le 7 ventôse pour secouer un joug aussi honteux ; mais elle fut écrasée : on désarma le Transtévère et plusieurs quartiers de Rome. La crainte d'une insurrection générale des Romains empêcha les militaires révoltés de se porter aux dernières extrémités, mais ils persistèrent énergiquement à demander la destitution de leur général, qui fut bientôt réduit, pour sa sûreté, à fuir l'armée qu'il commandait.

Devant un scandale aussi honteux, le Directoire et ses partisans, qui venaient de faire tant de phrases ridiculement emphatiques sur le Capitole, sur la liberté rendue aux Romains, sur la gloire et le désintéressement des armées républicaines, se trouvaient dans le plus piteux embarras. Le trésor français était publiquement pillé par ces guerriers désintéressés qu'on représentait comme ne songeant qu'à restaurer le Capitole dans son ancienne splendeur ; et l'armée française dénonçait elle-même son chef comme un Verrès : et l'Europe entière apprenait que la nouvelle république romaine n'était qu'une odieuse comédie et qu'en réalité le peuple romain était opprimé et spolié par ses prétendus libérateurs ! Pour ramener l'ordre à Rome, le Directoire lui improvisa bien vite un gouvernement supérieur qu'il qualifia de Commission française : il le composa de quatre membres : Faipoult, son ancien ambassadeur à Gênes, Monge, le défroqué Daunou, et Florent. Le général en chef ne devait être que l'exécuteur des volontés de la Commission. L'arrêté directorial du 1 Ventôse donnait à ces quatre Commissaires mission officielle de rétablir l'ordre dans la république romaine, d'installer son nouveau gouvernement, et de le diriger conformément aux vues du Directoire. Faipoult devait s'occuper particulièrement des finances ; c'était un homme très expert dans l'art de pressurer les Italiens, mais avec de meilleures formes qu'Haller et sa bande. Monge, Daunou et Florent firent très grande diligence et arrivèrent à Rome le 4 ventôse au soir ; mais Faipoult ne put les rejoindre que le 10.

Ils essayèrent d'apaiser la sédition ; mais tous leurs efforts furent inutiles : il fallait absolument sacrifier Masséna aux ressentiments de son armée. Dans une lettre du 12 ventôse, Faipoult, qui vient de retrouver ses collègues à Rome, rend compte au Directoire de la situation. Il est venu par Sienne où le Pape avait déjà été conduit. Il a rencontré en route Berthier qui se rendait à Bologne, et Masséna qui s'est retiré à huit ou neuf lieues de Rome. Il parle de cette malheureuse affaire avec beaucoup de circonspection. *Le mécontentement de la troupe* (cet euphémisme est vraiment admirable) a eu, dit-il, deux principes : « *l'arriéré extrême de la solde* ainsi que des traitements de l'armée, et *l'indisposition générale* élevée dans toute l'Italie contre le général Masséna. » Il ne veut pas se prononcer contre ce général célèbre.

« Mais depuis un certain temps, il s'est répandu, dans tous les corps militaires de l'armée, dans toute l'Italie, des impressions si défavorables au citoyen Masséna, elles sont tellement généralisées (je ne puis dire avec quel degré de fondement) *que le soulèvement de tous les officiers contre son autorité n'a d'étonnant que l'irrégularité, l'illégalité de ce mouvement*... Une multitude de guerriers remarquables par leurs longs et continuels services, ont dit, et répété hautement, qu'ils mourront quand vous l'ordonnerez pour la patrie, mais qu'ils mourront aussi plutôt que de servir sous Masséna... [1]. »

[1] Archives nationales A F 3, 77.

Il ne juge pas, il se borne à rendre compte de ce qu'il voit ; l'armée cependant n'a pas oublié ses devoirs ; elle a défait à Velletri sept à huit mille hommes bien armés soulevés par les prêtres. Murat les a taillés en pièces ; neuf cents environ sont restés sur place. Le général Dallemagne, commandant provisoire, s'occupe de l'exécution de l'arrêté du 1er ventôse : et dans dix jours la république romaine sera complètement organisée. Le même jour les quatre commissaires envoient au Directoire une lettre officielle pour lui annoncer qu'ils s'occupent d'installer les Consuls et les deux Conseils, et qu'ils se sont concertés avec Dallemagne pour organiser une fête fédérative.

« Nous n'avons aucune nouvelle du général Masséna. Le général Berthier nous annonce qu'il l'a trouvé à Monteroni : les officiers persistent plus que jamais à ne plus vouloir le reconnaître pour chef. Le danger où se trouve l'armée, de perdre entièrement la discipline, nous a déterminé à prendre l'arrêté dont nous vous envoyons copie, ce *sont des circonstances impérieuses, qui nous l'ont arraché*. Nous regardons cette mesure, comme la seule capable de ramener l'ordre, de sauver l'armée, et de remplir vos intentions à l'égard de la nouvelle république. »

Voici le fameux arrêté en question :

Rome, 12 Ventôse an VI.

« Les soussignés Commissaires du Directoire exécutif de la république française.

« Considérant qu'ils sont envoyés à Rome près le général en chef.

« Que les travaux dont ils sont chargés et les relations qu'ils doivent avoir avec le général, fixent impérieusement à Rome leur résidence et la sienne ;

« Qu'il n'est pas possible de s'occuper ailleurs qu'à Rome, de la nomination et de l'installation des Consuls, et des législateurs de la république romaine, et de l'exécution des divers articles de leurs instructions, de celles du général et de l'arrêté du Directoire exécutif en date du 1 ventôse,

« Considérant *que le général Masséna a quitté Rome*, qu'il s'est porté à Viterbe, à Ronciglano et annonce l'intention d'aller établir son quartier général à Civita-Castellana ;

« *Que les officiers et les soldals de l'armée refusent constamment d'obéir aux ordres du général Masséna ;*

« Que cette détermination des soldats et des officiers, bien que contraire aux lois, est néanmoins si fortement prononcée, *que le général Masséna ne pourrait reparaître à Rome sans exposer l'armée et le peuple à de nouveaux troubles* ;

« Qu'en s'éloignant de Rome le 7 du présent mois et du camp du Pont de Mole le 8, le *général Masséna a par cela même donné sa démission, et que l'irrévocabilité de cette démission est aujourd'hui la seule garantie possible de la paix publique ;*

« Considérant enfin qu'il résulte des articles 7 et 9 de l'arrêté du 1 ventôse, que l'intention du Directoire exécutif de la république française, était que le général Berthier ne remit le commandement de l'armée au général Masséna, qu'après l'achèvement de plusieurs travaux qui ne sont pas encore terminés ;

« Que dans les instructions données au général Masséna, le Directoire exécutif a prévu certains cas où le général Berthier devrait reprendre le commandement en chef, et qu'il s'ensuit qu'il doit le reprendre, dans les cas que le Directoire exécutif n'a pu prévoir, et dans lesquels *il est physiquement impossible que les ordres du Directoire soient exécutés par le général Masséna ;*

«Arrêtent que pour ce qui les concerne et relativement aux travaux dont ils sont chargés, ils ne peuvent correspondre qu'avec le général Berthier, général en chef, ou en son absence, avec le général Dallemagne par lequel le général Berthier est provisoirement remplacé.

« Le présent arrêté sera envoyé au Directoire exécutif, au général Berthier et au général Dallemagne.

« Les commissaires du Directoire exécutif de la République française à Rome. DAUNOU, FAIPOULT, MONGE, FLORENT [1]. »

Cet arrêté est singulièrement rédigé. Les commissaires, ne se croyant pas munis de pouvoirs assez étendus pour destituer Masséna, et ne voulant pas céder ouvertement aux injonctions d'une armée en révolte, cherchent à tourner la difficulté, ergotent d'une manière très amusante sur leurs instructions et sur celles que Masséna a reçues. Ils veulent se débarrasser de lui et n'osent le destituer franchement. Ils semblent d'abord accepter sa démission présumée, mais le général peut protester : ils déclarent qu'ils ne peuvent avoir de rapports qu'avec Berthier et Dallemagne : c'est une destitution indirecte !

Masséna essaya, mais assez maladroitement, de se justifier. Tout le monde lui reconnaissait les plus grands talents mili-

[1] Archives nationales, A F 3, 72.

taires, mais pour tout le reste sa réputation était détestable. Cet illustre soldat reçut alors de son armée l'affront le plus épouvantable qu'un général en chef puisse subir. Et le Directoire, bien que menacé gravement par cette révolte, dans son autorité, et même dans sa propre sûreté, fléchit devant elle et renonça bien vite à défendre un homme qui lui avait rendu tant de services, et malheureusement des services honteux qui semblaient devoir lier son sort pour toujours, à celui des fructidoriens ! Il laissa la révolte impunie et parut avouer ainsi que l'indignité du général en chef la rendait excusable. Masséna se retira donc piteusement. Il reçut le 12 ventôse an VII un autre commandement et reparut bientôt à la tête d'une autre armée, se couvrit de gloire comme général, mais se fit maudire par les Suisses nos alliés pour sa rage de lever sur eux des contributions énormes.

Le Directoire adressa à l'armée de Rome (19 ventôse) une longue proclamation : « quelles nouvelles affligeantes succèdent tout à coup aux détails glorieux de votre entrée dans Rome ! » l'armée à Mantoue [1], à Rome, manque à la discipline ; elle se laisse égarer par les perfides conseils des despotes, des fanatiques, etc., etc. ; des plaintes contre les abus et les dilapidations ont servi de prétexte à cette révolte, mais le Gouvernement n'est-il pas là ! prêt à écouter les réclamations des soldats ? et le Directoire, avec un aplomb merveilleux, déclare que s'il avait reçu leurs plaintes, il aurait immédiatement arrêté tous les abus. Il leur énumère ensuite avec bien plus de raison, les dangers auxquels leur conduite expose les trois républiques française, cisalpine et romaine. Leur révolte leur a été « soufflée, de tous les points de l'Italie par les vils émissaires des rois, des

[1] Le 23 pluviôse les soldats de trois demi-brigades stationnées à Mantoue, n'ayant pas touché leur solde depuis quatre mois, par la faute des administrateurs militaires, se révoltèrent en menaçant d'abandonner la place, et de se retirer en France, parce que ceux qui avaient volé les trésors de l'Italie, les laissaient dans la plus profonde misère. Cette sédition, d'après un rapport de Baraguey-d'Hilliers, qui est aux Archives, avait été préparée et combinée avec tant de soin et de méthode, les soldats décidés à quitter Mantoue montraient un calme et une résolution si redoutables, que les généraux cédèrent : le complot avait du reste des ramifications dans les autres garnisons d'Italie. On n'avait que deux cent mille francs en caisse : on y ajouta quatre cent mille, produit d'une contribution levée sur Mantoue, on extorqua encore trois cent mille francs au trésor Cisalpin, et l'on put payer ainsi la solde arriérée, et rétablir la discipline.

nobles et des prêtres, » et il se garde bien de prendre un ton menaçant et de punir. Il compte sur leur repentir (dont ils n'ont donné aucune preuve). Il est doux, onctueux, et n'ose pas même risquer la moindre insinuation en faveur de Masséna.

Cette proclamation est suivie d'un arrêté chargeant les Commissaires envoyés à Rome de faire juger sans délai par un conseil de guerre, les militaires de tout grade, commissaires des guerres, administrateurs, tous les gens à la suite de l'armée, qui, dans le territoire de la république romaine, ont commis des vols ou des dilapidations, sous n'importe quel prétexte. Les Commissaires civils sont chargés de suspendre, et même expulser de la nouvelle république tous les commissaires des guerres, administrateurs, gens à la suite de l'armée « dont la conduite ne répondrait pas à la confiance du Gouvernement. » Ces dispositions étaient déclarées communes aux militaires et aux administrateurs de la Cisalpine, mais le général en chef était chargé de sévir contre ces derniers. Le Directoire, pour faire de l'effet, décréta (article 4) que les Commissaires de Rome et le général en chef lui enverraient, chaque décade, le résultat de l'exécution de cet arrêté, si rigoureux en apparence, et si facile à éluder.

Les militaires de l'armée d'Italie durent bien rire en lisant cette proclamation. Le Directoire n'avait-il pas l'impudence de leur dire qu'il leur suffirait de lui dénoncer les dilapidations, et qu'il en ferait immédiatement justice. Depuis le commencement de la campagne d'Italie, ces militaires voyaient commettre toutes ces dilapidations, avec le plus hideux cynisme et la plus complète impunité. Ils savaient très bien qu'elles avaient été mille fois dénoncées inutilement, et que leurs auteurs avaient la faveur du pouvoir. Ils étaient persuadés que les agents supérieurs du Directoire, et même certains Directeurs amassaient ainsi de grandes richesses, pendant qu'on les laissait dans le dénuement le plus complet. Ils ne pouvaient se faire payer leur solde arriérée qu'en faisant un éclat scandaleux, qu'en effrayant ce Directoire, qui avait usurpé le pouvoir, grâce à l'appui de l'armée d'Italie, et tremblait à l'idée d'être abandonné par elle, et ainsi livré aux vengeances des royalistes et des anarchistes. Ils avaient bien jugé la situation ; Le Directoire capitula tout de suite, leur général déguerpit honteusement, on leur donna un peu d'argent pour les apaiser, et tout rentra ensuite dans le désordre accoutumé !

L'arrêté du 19 ventôse ouvrait une large porte à l'arbitraire : avec lui on pouvait ne frapper que les petits dilapidateurs, et même persécuter d'honnêtes gens coupables de déplaire au gouvernement ou aux généraux, pour des motifs qu'on ne voulait pas avouer. D'ailleurs les pillards militaires et civils, grands et petits, se tenaient tous trop serrés les uns contre les autres, pour qu'il fût possible aux commissaires, mal renseignés à dessein, trahis de tout côté, d'exécuter sérieusement l'arrêté, de faire rendre gorge aux dilapidateurs, et de purger l'armée des misérables qui abusaient honteusement de leurs fonctions pour s'enrichir aux dépens de la France et de l'Italie. La révolte avait eu lieu parce que des abus par trop criants avaient réuni contre Masséna, et les honnêtes gens indignés, et de nombreux pillards, très désireux de faire leurs affaires à Rome, qui avaient vu avec colère une certaine bande accaparer pour elle ce riche butin sans leur en laisser la moindre portion. La cupidité déçue avait crié aussi fort, plus fort peut-être que la probité indignée[1]. Mais les honnêtes gens continuèrent à se serrer le ventre, à traîner la guenille, à contempler avec mépris le luxe insolent des pillards, et parfois aussi à voir les grades qu'ils avaient

[1] Plus d'un an auparavant, dans une lettre du 30 frimaire an V, Clarke annonçait au Directoire que les dilapidateurs étaient très nombreux, et même prépondérants dans l'armée d'Italie «... Une des accusations les plus communément faites est celle d'aimer l'argent, en d'autres termes, de manquer de probité : *elle semble marcher d'un pas égal avec l'utilité du sujet et les services rendus.* Je ne vous citerai à l'appui de cette observation que les deux généraux divisionnaires... et le général de brigade... dont toute l'armée se plaît à vanter la bravoure... Le troisième enfin, le plus intrépide de l'armée, est aussi le plus dilapidateur, vous serez sans doute étonnés et affligés du petit nombre d'hommes dont la délicatesse a résisté au torrent de l'exemple.» Le général Bonaparte, ajoute-t-il, malgré sa rigidité, n'a pu renoncer à employer « tous ceux qui lui étaient connus comme entachés d'improbité. il a cherché à faire tourner au profit de la République leurs passions, leurs vices mêmes. *C'est peut-être autant au désir de satisfaire leur cupidité, qu'au dévouement d'un pur patriotisme.* que nous devons la plus illustre et la plus utile de nos campagnes, et la conquête de l Italie. » Ces hommes sont nécessaires ; par malheur, dans cette armée la probité est rarement réunie au talent et à l'énergie, et « *elle passe chez beaucoup d'hommes pour être un défaut de lumières et de forces.* » Il constate pourtant son existence chez certains généraux : il veut du moins élaguer ceux qui sont à la fois improbes et incapables, et fournit sur les généraux de l'armée d'Italie des notes qu'il a faites de concert avec Bonaparte : il en signale un certain nombre, comme incapables ou complètement usés. Archives nationales, A F 3, 72.

mérités par leur courage, accordés à des complices ou des agents subalternes de dilapidateurs haut placés. Les Italiens ne profitèrent pas beaucoup de l'arrêté du 19 ventôse fait uniquement pour enrichir de leurs dépouilles le seul trésor français, qui se trouvait frustré par tant de pillages particuliers : et les Commissaires de Rome s'empressèrent d'organiser contre ce malheureux pays, par des conventions secrètes, par des impôts, par le papier monnaie, un système fiscal savamment oppresseur et auquel personne ne pouvait échapper. Nous allons bientôt en fournir la preuve.

Le 30 ventôse (20 mars 1798) les Commissaires procédèrent avec solennité à l'installation de tous ces fantoches qu'ils avaient qualifiés pompeusement de consuls, de sénateurs, de tribuns. Bien que les généraux français eussent composé le gouvernement et les conseils de révolutionnaires très souples, et tout à fait à leur discrétion, la nouvelle constitution mettait si ouvertement la république romaine à la merci du Directoire que certains nouveaux dignitaires se crurent obligés de faire quelques réserves sur ce point. La veille de la fête, les quatre Commissaires réunirent à l'académie de France, où ils étaient installés, tous les sénateurs et tribuns désignés, et quelques-uns d'entre eux critiquèrent la nouvelle constitution. Le commisaire Florent prétend [1] qu'on leur donna des explications satisfaisantes, et qu'ils parurent convertis ; cependant cette conférence fournit aux tribuns et aux sénateurs l'occasion de faire comprendre qu'ils n'étaient guère satisfaits du droit de nomination, et du pouvoir législatif, attribués au général. Les simples citoyens trouvaient que les deux conseils étaient nommés par les Français pour un temps trop long : ils auraient voulu procéder plus tôt à des élections : le sentiment national était froissé aussi bien que certaines ambitions. D'après Florent, les membres des conseils étaient dans de bonnes dispositions, mais il les trouvait à la fois inexpérimentés, et animés d'une ardeur dangereuse.

Leur mécontentement eût été bien plus grand, s'ils avaient connu le système de spoliation que les Commissaires avaient secrètement organisé de concert avec les Consuls.

L'état pontifical avait été très obéré par la révolution, par l'ar-

[1] Archives nationales, A F 3, 77.

mistice, et le traité désastreux de Tolentino, et le Pape s'était trouvé dans la nécessité de recourir à un papier monnaie, à des *cédules* qui subirent une dépréciation assez forte, bien qu'il fût impossible de la comparer avec celle des assignats et des mandats territoriaux français.

Le 5 germinal, les Commissaires firent publier par le général Dallemagne, en vertu du fameux article 369 de la Constitution, une loi très révolutionnaire sur les cédules. Le cours forcé fut retiré aux cédules du Mont de Piété et de la banque du Saint Esprit : ces cédules démonétisées ne devaient plus être admises dans les caisses publiques qu'*en paiement* de biens *nationaux*. Venaient ensuite des dispositions relatives à la vente de ces biens, dont la république française allait se trouver encombrée, grâce aux confiscations de couvents et à la convention secrète que nous allons donner.

Les biens nationaux devaient être ainsi payés, un cinquième du prix de l'estimation, en numéraire, un autre cinquième, en cédules non démonétisées ; les trois autres cinquièmes, et l'excédent possible du prix de l'estimation en cédules démonétisées tant par cette loi que par l'édit de l'ancien gouvernement du 28 novembre 1797. La moitié des deux premiers cinquièmes devait être acquittée dans les huit jours de la vente : tout le reste dans les deux mois suivants.

Les meubles vendus seront payés en argent, et cédules non démonétisées, au comptant. Des monnaies très répandues subissent une réduction d'un quart de leur valeur nominale [1]. On annonçait encore de nouvelles lois pour régler les paiements [2]. Enfin, on travaillait consciencieusement, à mettre les créanciers et les débiteurs romains dans le même embarras, dans le même gâchis que ceux de France !

Mais tout cela n'était en réalité que bien peu de chose ; les

[1] La pièce de quatre baïoques n'en vaudra plus que trois : celle de deux qu'une et demie.

[2] On commençait déjà ! Les sommes dues par des banques désignées dans la loi, pour des dépôts de toute nature, seront ainsi remboursées : un quart par une obligation qui sera reçue en paiement de biens nationaux comme les cedules non démonétisées : les trois autres quarts au moyen d'une délégation d'une forme différente, reçue aussi en paiement de biens nationaux, mais comme les cédules démonétisées. Le but est évident, on veut comme en France forcer les gens à prendre des biens nationaux pour n'être pas ruinés par le mauvais papier qu'on leur met de force dans les mains.

Commissaires, après avoir rendu compte de cette opération au Directoire, lui annoncèrent qu'ils venaient d'en faire une autre, d'une importance capitale.

« La seconde est une convention secrète qui a été arrêtée entre le citoyen Haller et le Gouvernement romain, relativement aux contributions à payer, aux fournitures et cessions à faire par ce gouvernement à la république française et qui a été ratifiée par le Consulat et par nous. Nous avons préféré donner à cet acte la forme de *Convention secrète* afin *d'éviter la sanction du Tribunat et du Sénat, et d'éviter une discussion* qui aurait pu produire quelque opposition, ou du moins quelque mécontentement soit dans ces deux autorités, soit dans le peuple lorsqu'elle serait publiée, et surtout un esprit d'éloignement envers la France comme imposant des conditions dures à la république qu'elle crée, ou de défiance et de défaveur envers le Consulat qui dans ces premiers temps a tant besoin de l'appui de l'opinion publique, et des deux conseils législatifs [1]. »

Tout commentaire serait inutile ! Il est entendu avec le Consulat que, pour tenir les engagements qu'il a pris, dans la convention secrète, il déclarera au Tribunat, qu'il est indispensable de lever immédiatement des contributions afin de pourvoir à des dépenses pressantes, et aux besoins de l'armée française. Il se procurera ainsi des ressources « pour remplir les engagements de la Convention sans être obligé de la faire connaître. » Sans doute, c'est traiter durement la république romaine, mais il faut de l'argent pour faire vivre l'armée d'Italie ainsi que les troupes qui sont à Corfou et en Corse.

Voici le texte de cette convention trop peu connue.

Article 1. « La république romaine paiera dans la caisse de l'armée d'Italie une somme de *trois millions de piastres effectives* [2].

Art. 2. « Le paiement de ces trois millions de piastres se fera à raison de cinq cents mille piastres par mois. Le premier paiement aura lieu le 15 du mois courant.

Art. 3. « La république romaine aura la faculté de payer en cédules ayant cours, moyennant l'obligation de bonifier à la caisse de l'armée,

[1] Archives nationales, A F 3, 77.

[2] La piastre valait plus de cinq francs : elle est parfois estimée cinq francs trente-sept centimes. Cette contribution fut évaluée officiellement en France *quinze millions trois cent trente-sept mille cinq cents francs.* (Rapport du ministre de la guerre.)

la différence qui pourra exister aux époques de chaque paiement entre la cédule et la piastre effective.

Art. 4. « Toutes les sommes perçues jusqu'à ce jour par la caisse de l'armée seront prises en déduction sur les trois millions de piastres : le receveur des contributions de l'armée fournira dans les vingt-quatre heures au Consulat l'état des sommes visées par le commissaire-ordonnateur en chef : ces sommes seront imputées sur le premier paiement à faire le 20 de ce mois.

Art. 5. « La ville d'Ancône et son ancien territoire, ne pourront être imposés pour cette contribution, parce qu'ils ont payé leur contribution dans le courant de l'an V, et qu'ils ont même excédé la somme.

Art. 6. « La république romaine paiera de plus dans l'espace de trois mois une somme de *six cent mille piastres effectives en effets d'habillement et d'équipement*. Le commissaire-ordonnateur en chef en donnera l'état, et les prix en seront réglés de concert.

Art. 7. « La république française se réserve *des biens caméraux à son choix pour la somme d'un million de piastres*, ainsi que les mines d'alun et de soufre, les terres fermes et forêts qui y sont affectées suivant le bail actuellement existant au citoyen Giorgi, et aussi l'alun actuellement en magasin et fabrication.

Art. 8. « La république romaine *entretiendra l'armée française en subsistances, liquides, bois et lumières, logement, fournitures et ustensiles ;* elle pourvoira dans ses hôpitaux au traitement des militaires, malades et blessés pour le temps que l'armée française séjournera sur le territoire romain.

Art. 9. « La *république française se réserve en toute propriété, tous les biens meubles et créances appartenant au Pape, à sa famille, à la famille Albani, ou cardinal Busca*, ainsi que les emphytéoses dont ils jouissaient, lesquelles sont déclarées affranchies de toute rente ou redevance.

Art. 10. « La république romaine ratifie les ventes, les aliénations, en général toutes les transactions qui seront faites de tous ces biens au profit de la république française.

Art. 11. « L'arriéré qui existait au moment de l'entrée de l'armée française sur le territoire romain, appartient à la république romaine, à l'exception des parties de cet arriéré *qui ont été perçues ou quittancées* pour le compte de la république française, dont la liquidation sera maintenue, et dont l'état sera dressé et réuni au Consulat dans les vingt-quatre heures, s'il est possible, par l'administration des contributions et finances de l'Italie.

Art. 12. « La république romaine sera mise en possession de *tous les biens caméraux et ecclésiastiques non confisqués ou vendus*, *de toutes les caisses et banques, de tous leurs capitaux* pour en faire l'usage qu'elle croira convenable, en se conformant à la loi du 5 germinal sur les cédules.

Art. 13. « Conformément à la même loi, la république romaine ne pourra sous aucun prétexte, et dans aucun cas, faire fabriquer, ou émettre de nouvelles cédules.

Art. 14. « La république romaine aura à sa disposition tous les impôts directs ou indirects pour les percevoir, administrer et régir à son gré. *Tous les objets achetés et vendus pour le compte de la république française sont affranchis de tous droits.*

Art. 15. « La république romaine donnera, pour le paiement des trois millions de piastres, les engagements des maisons de commerce, et des *particuliers les plus riches du pays* [1].

Art. 16. « L'hôtel de la monnaie de Rome restera provisoirement à la disposition de la république française qui s'en servira aussi longtemps qu'elle en aura besoin.

Art. 17. « La confiscation des propriétés ennemies aura son plein effet *au profit* de la *république française.*

Art. 18. « Les chantiers, magasins, ou approvisionnements de la marine existant à Civita Vecchia seront à la disposition de la république française, et il en sera tenu compte à la république romaine.

Art. 19. « Les réquisitions en subsistances et autres objets énoncés en l'article 8 cesseront au moment où la république romaine aura satisfait à cet article, ayant soin d'assurer notamment le service pour un mois à l'avance. Toutes les autres réquisitions frappées jusqu'à ce jour sont annulées, à l'exception de celles relatives aux souliers et chemises.

Art. 20. « Il ne sera plus perçu d'autre contribution que celle des trois millions de piastres.

Art. 21. « La république française se réserve *l'argenterie superflue des églises*, et tous les biens des établissements qu'elle a supprimés ou confisqués.

Art. 21. « Le Directoire exécutif de la république française *fera connaître sa volonté* sur le Museum, *les bibliothèques, le cabinet des tableaux* et sur le sol du *pays de Bénévent.*

« La présente Convention sera arrêtée par le Consulat romain et ratifiée par les Commissaires du Directoire exécutif de la France. Fait à Rome le 6 germinal l'an VI de l'ère républicaine. « Signé HALLER, CAMILLE CORONA, ministre de l'intérieur.

« Les Consuls de la république romaine ayant délibéré sur le traité, ci-dessus, négocié entre le citoyen Haller, administrateur général

[1] On devine aisément par quels procédés terroristes elle les obtiendra !

des finances de l'armée française à Rome, et le citoyen Camille Corona ministre de l'intérieur, l'acceptent dans toutes ses parties et le confirment à Rome le 8 germinal l'an VI.

« Le président du Consulat de la république romaine, signé : JACQUES DE MATHÉIS ; pour le consulat, le secrétaire général, BASSAL. »

Suit la ratification dans les mêmes termes en date du 8 germinal, des quatre commissaires, Florent, Faipoult, Monge, Daunou.

En résumé cette convention valait au Directoire [1] :

Article 1er : trois millions de piastres, soit quinze millions trois cent trente-sept mille cinq cents francs, — puis (art. 3), six cent mille piastres soit trois millions soixante-sept mille cinq cents francs.

L'article 8 imposait aux Romains en faveur de l'armée, une charge énorme, et qui allait être pour les militaires et les employés, une cause de gaspillages, une source intarissable de profits illicites.

En outre, le Directoire se réservait un million de piastres de biens, soit cinq millions cent douze mille francs, sans compter ses mines d'alun et de soufre (art. 7) et leurs produits.

L'article 9, dicté par un sentiment de vengeance tellement ignoble que ces misérables n'osent pas le publier, confisque les biens du Pape, de sa famille et d'autres personnes, qui ont tenu tête au Directoire ! Un rapport de Bernadotte, alors ministre de la guerre (3 thermidor an VII), constate que les biens confisqués dans l'État romain par le Directoire, lui ont valu *seize millions* quatre cent quatre-vingt-douze mille huit cent vingt-six francs, ainsi qu'il résulte du rapport de l'ordonnateur

[1] Le Directoire conserva la république Batave, créa les républiques Cisalpine, Ligurienne, Romaine, Helvétique, Napolitaine, au lieu d'annexer directement ces contrées à la France, parce qu'il avait ainsi la ressource de les abandonner, ou de les vendre quand il traiterait avec les puissances ennemies. Venise en fut la preuve ! Mais il avait besoin surtout de ces républiques nominales, au point de vue de son despotisme, de ses intérêts financiers et de ceux de sa séquelle. Dans ces pays occupés militairement il était maître encore plus absolu qu'en France ; il pouvait surtout disposer de l'argent ! La France était épuisée, ruinée par plusieurs années de pillage et de terrorisme, on recommençait dans ces pays les infames extorsions du Comité de salut public, et le Directoire trouvait moyen de fournir aux frais de sa ténébreuse politique, et d'enrichir cette foule de révolutionnaires avides qui étaient à sa suite.

en chef « non compris les diamants, les bijoux, et l'argenterie des églises *dont il n'a pas été rendu compte*[1]. » Quelle source de fortune pour de pauvres patriotes ! les « autels de la liberté, » n'avaient pas été relevés gratuitement au Capitole !

En résumé, la révolution extorqua, par la seule convention secrète du 8 germinal, *trente-deux millions* en valeurs, plus trois millions en équipements avec une somme non déterminée, mais au moins égale pour l'entretien de l'armée ; plus les diamants, l'argenterie d'église, etc., etc. Tout cela était arraché à un petit État déjà épuisé. Les républicains français prétendent donner la liberté aux peuples ; et à les en croire, la liberté est une si belle chose, que lors même qu'elle consiste à voir nommer, et ses consuls, et ses deux conseils par un général étranger, et à recevoir de ce général toutes les lois qui lui passent par la tête, on ne saurait encore la payer trop cher !

L'armistice du 8 messidor an IV avait été payé par le Pape vingt et un millions, avec des grains, des blés, des œuvres d'art importantes.

Par le traité de Tolentino (4 ventôse an V, 19 février 1797), le Pape complétait le paiement des vingt et un millions de l'armistice, et s'engageait en outre à donner quinze millions en numéraire, diamants et autres valeurs. Toutes ces sommes furent très exactement acquittées.

Ainsi donc, le gouvernement pontifical avait en moins de deux ans payé *trente-six millions* en espèces, avec bien d'autres charges encore. Le Directoire ne le renversa et ne proclama la république que pour mieux pressurer encore le petit État romain. A ces trente-six millions du Pape, il faut ajouter trente-huit millions livrés par la république romaine dont six en fournitures, sans compter bien d'autres profits : ce petit État, évacué complètement en vendémiaire an VIII, a donc fourni au Directoire, en trois ans et trois mois, *soixante-dix millions*, sans compter une foule de denrées, d'objets précieux, et de chefs-d'œuvre de l'art !

Bien que le Directoire tirât beaucoup d'argent de la nouvelle république, sa sœur aînée la Cisalpine fut rançonnée plus que jamais en l'an VI et en l'an VII. Le 23 germinal an VI, le Directoire l'assujétit à payer *dix-huit millions* par an pour l'armée,

[1] Archives nationales, A F 3, 81.

avec de lourdes charges en sus. Six mois après elle fournissait encore *douze* millions, dont huit en domaines nationaux. Tout le reste de l'Italie fut pressuré de même ; « et cependant, écrivait Bernadotte en l'an VII, *les troupes ont manqué de tout et la solde*[1] *n'a pas été tenue au courant.* »

Les quatre commissaires ne perdirent pas un moment pour lever sur le peuple romain, déjà si obéré, les sommes énormes que la convention secrète accordait au Directoire. Dans une lettre du 21 germinal, ils lui rendent compte de leurs travaux : malgré tant d'extorsions, ils sont horriblement gênés. Les sommes dues aux fournisseurs, les arriérés de solde sont tellement accumulés et en outre les dépenses ont été tellement augmentées par les frais d'embarquement à Gènes et à Civita-Vecchia, que l'administration des finances d'Italie est tout à fait accablée. Il lui est impossible de pourvoir à aucune dépense imprévue. Si le Directoire arrêtait quelque combinaison politique ou militaire qui dût en occasionner, la Commission le prévient qu'il lui faudrait envoyer de l'argent de Paris, car elle ne peut marcher à Rome qu'avec de grands efforts, et au moyen d'anticipations ruineuses.

« Ces anticipations, citoyens Directeurs, sont d'autant plus dangereuses que *nous n'ignorons pas avoir, par la convention du 8 de ce mois, demandé au gouvernement romain beaucoup plus qu'il n'est en état de tenir. Le pays est absolument épuisé d'espèces.* Le papier-monnaie perd encore 78 pour cent. Une imposition extraordinaire peut donner au gouvernement une perspective de recettes. Nous joignons ici sous le n° 1 un exemplaire de la loi que nous avons fait publier le 10 par le général de l'armée, loi qui classe les dépenses, et *qui ordonne la levée de trois ou cinq pour cent* sur la valeur des *biens fonds.*

« Comme il faudra un temps considérable pour asseoir cette imposition, *un article de la loi autorise le gouvernement à taxer provisoirement les fortunes considérables*, par un emprunt forcé rembour-

[1] Le fameux arrêté du Directoire du 19 ventôse fut connu à Rome vers le 10 germinal ; mais les esprits n'étaient pas encore calmés, des officiers voulurent faire imprimer une lettre à l'armée approuvant la sédition qui avait eu lieu contre Masséna, mais l'imprimeur en remit une épreuve, déjà corrigée par ses auteurs, au préfet de police ; les exemplaires de la lettre furent saisis, et les Commissaires interdirent à l'imprimeur de publier cet écrit ainsi que tout autre fait en non collectif par des militaires.

sable sur les produits de l'impôt. Voilà des moyens violents, mais ils étaient inévitables, et seront même insuffisants. En effet, le Gouvernement est déjà en retard sur le premier terme de la contribution échu le 20.

« *Il est malheureux qu'ici l'état de liberté commence sous un régime fiscal* aussi rigoureux. Rome en sentira bien moins, citoyens Directeurs, le prix du bienfait que vous lui avez rendu. Ce qui pourrait rendre la marche du Gouvernement plus facile et relever le crédit public, c'est la vente des domaines nationaux ; mais cette vente éprouvera des lenteurs. *La république cisalpine, au moins aussi riche que la république romaine en biens ecclésiastiques, n'a pu jusqu'à présent en tirer aucune ressource.* L'Italie n'offrait guère de mutations de propriétés. D'ailleurs, en tout pays, la seule classe d'hommes nouvellement enrichis fournit des acquéreurs de biens nationaux ; or ici on *trouve des gens appauvris par les circonstances*, mais personne n'y a de profits à consolider en acquisitions territoriales [1]. »

Cependant ils travaillent à se débarrasser de ces biens le plus avantageusement possible, et ils ont pris plusieurs arrêtés dans ce but.

On voit que la résurrection de cette république romaine dont on parlait tant dans les collèges est bien leur dernier souci ! Mais si leur principale occupation était de prendre tout l'argent qui existait dans l'État romain, et de faire de l'argent de tout ce qui pouvait être vendu, les commissaires n'oubliaient point la persécution religieuse ; ils donnaient la chasse aux nombreux prêtres réfugiés à Rome ou dans l'État romain. Ces prêtres y étaient au nombre de deux mille avant l'occupation de Rome. Le 26 germinal les commissaires écrivent au Directoire que quinze cents

[1] Archives nationales A F 3, 77.

La loi du 10 germinal est signée par Gouvion Saint Cyr, alors général commandant. L'imposition est de trois pour cent pour les particuliers, de cinq sur les biens ecclésiastiques ; chaque propriétaire devra déclarer la valeur de son bien, sinon double taxe ; si le département juge l'estimation insuffisante, il fera vendre le bien aux enchères, mais il n'y aura d'adjudication que s'il est vendu plus d'un dixième au-dessus de la déclaration : alors on rendra seulement au propriétaire le prix qu'il a déclaré. La contribution sera payable, un quart dans le cours de la première décade, les trois autres de mois en mois. En outre, de nombreux droits acquis sont lésés, les cessions, les emphytéoses, faites par l'ancien gouvernement sont abolies : l'emphytéote aura seulement la préférence, quand il voudra acheter en offrant plus.

prêtres français sont déjà partis et que tous les jours ils en expulsent quelques-uns [1].

Après le bruit qui avait été fait autour du nom de Duphot, après tant de cris de vengeance, le Directoire ne pouvait se dispenser de donner, avec beaucoup de solennité, une indemnité à sa famille. Les commissaires prirent un arrêté qui lui accordait cent cinquante mille francs ainsi distribués : quarante-cinq mille francs au père et à la mère, vingt-cinq mille à la sœur, et quatre-vingt mille au jeune fils du général. Cette somme devait être prélevée sur la contribution payée par la république romaine. Les commissaires avaient adopté ce mode de paiement « parce qu'il en résulte que l'indemnité sera réellement supportée par Rome et *que cependant elle ne paraît être qu'un acte de reconnaissance de la république française envers la famille de Duphot* [2]. » Le trait est fort joli ! Les révolutionnaires ont toujours cherché à en imposer aux badauds, et la famille Duphot s'en aperçut à ses dépens, car elle dut attendre longtemps les effets de cette fastueuse reconnaissance. Le prélèvement décidé en sa faveur n'eut pas lieu ; elle fut réduite à réclamer auprès du Directoire, qui, le 13 germinal an VII, un an après, prit un arrêté maintenant celui de ses commissaires « nonobstant toutes dispositions subséquentes du produit des dites contributions, » et ordonnant, non pas qu'on lui payât la fameuse somme de cent cinquante mille francs, mais qu'on lui fît tout simplement une avance de huit mille francs sur cette indemnité encore une fois promise !

Nous avons montré tout à l'heure que les Commissaires, tout en pressurant les Romains, déclaraient qu'ils allaient être écrasés par les besoins de l'armée ! Leurs prévisions ne tardèrent pas à se réaliser : cette occupation de l'Italie était un gouffre pour les finances! D'un autre côté les Commissaires étaient assez inquiets des mouvements insurrectionnels qui avaient lieu dans les campagnes. Rome était domptée par la garnison française,

[1] « On n'a excepté de cette mesure, disent les Commissaires, que les Corses, les vieillards au-dessus de soixante-dix ans, et ceux qui ont été reconnus pour être vraiment *patriotes et républicains*, » c'est-à-dire quelques défroqués qui étaient venus exploiter ce malheureux pays. Le clergé romain fut persécuté sous prétexte de serment.

[2] Archives nationales A F 3, 77.

et terrorisée par tous ces prétendus patriotes, qui, moyennant un traitement et la faculté de grapiller après les Français, avaient consenti à accepter des fonctions, à devenir des marionnettes entre les mains du général et des Commissaires. Mais les paysans s'insurgeaient partout, et cette guerre de détail allait encore nécessiter des dépenses inattendues. Aussi les Commissaires écrivaient-ils, le 15 floréal, au Directoire que le dénûment de l'armée d'Italie amènerait l'indiscipline, et favoriserait les insurrections. « L'Italie est épuisée, les républiques romaine et cisalpine sont dans une insolvabilité absolue[1]. » Il faut absolument qu'on leur envoie de l'argent. Brune, général en chef à Milan, vient de leur demander deux millions cinq cent mille francs. Ils lui ont répondu de s'adresser au Directoire ; qu'en attendant ils lui abandonnaient les ressources des républiques cisalpine et romaine. Il fallait un certain temps pour recouvrer les millions garantis par la convention du 8 germinal, et en attendant on essayait de régler les arriérés et de contenter un peu les fournisseurs qui voulaient être payés au plus vite sur le butin fait à Rome : on avait à satisfaire cette bande de patriotes faméliques, qui ne pouvaient jouer pour rien, les rôles de consuls, de sénateurs, tribuns, questeurs, etc., sans compter les officiers, les commissaires, les agents, les sangsues de toute espèce qui avaient déjà presque épuisé la Cisalpine, et réclamaient leur part de l'argent pris sur la nouvelle conquête. Ainsi les malheureux Romains étaient spoliés, écrasés, et leurs spoliateurs ne cessaient de crier misère ; et les Français honnêtes couraient inutilement après leurs appointements ou leur solde !

II

Les insurgés des campagnes devenaient tous les jours plus nombreux et plus audacieux. Ces prises d'armes exaspéraient au dernier point les agents du Directoire, car elles montraient à l'Europe le cas que le vrai peuple faisait de cette nouvelle république romaine imposée par une armée étrangère qui avait

[1] Archives nationales A F 3, 77.

envahi l'État pontifical par surprise. Aussi les Commissaires eurent-ils l'impudence d'en rendre responsable le malheureux Pie VI, et de prétendre que le voisinage du Pape était la seule cause de ces insurrections. Ils avaient transporté de force Pie VI à Sienne sans consulter le gouvernement toscan, et avaient intimé à ce dernier l'ordre de garder le Pape et de le surveiller. Ce gouvernement, affolé par la peur, surveillait le malheureux pontife très étroitement, mais n'importe! Les paysans de l'État romain ne pouvaient pas ne pas vouloir du gouvernement des fructidoriens ! S'ils s'insurgeaient contre lui, évidemment le Pape en était responsable et le grand duc était responsable du Pape [1] !

Le Directoire voulait donc se venger bravement sur le Pape prisonnier, et compromettre honteusement, auprès des rois et du monde catholique tout entier, le prince qu'il avait contraint de garder Pie VI, en attendant que le moment de le renverser à son tour fût arrivé. Le Directoire et les Commissaires décidèrent tout à coup que, pour la sûreté de la république romaine, le Pape devait être embarqué à Livourne et transporté à Cagliari. Le malheureux pontife était tellement malade que cette traversée devait lui être mortelle, et ses persécuteurs le savaient ! Les Commissaires annoncèrent l'intention du Directoire au grand duc de Toscane, en insistant beaucoup sur l'insurrection des États romains. « Ces mouvements, disaient-ils, ont tellement paru tenir à un plan concerté par le ci-devant gouvernement papal, qu'on a fait arrêter la nièce du Pape femme du ci-devant duc Braschi. » La convention secrète portait confiscation des biens du Pape et

[1] Le 14 floréal les Commissaires envoient un projet de loi (évidemment inspiré par les lois de la terreur), qu'ils vont faire publier. Cette loi fait juger et punir de mort par les Conseils de guerre, les auteurs de tout attroupement séditieux, ceux qui excitent à la révolte etc. En marge de la pièce on lit « renvoyé au ministre des relations extérieures pour rendre compte demain des mesures qu'il a prises pour éloigner le Pape de la Toscane, » le 1er prairial an VI, Merlin. — Nous rendrons compte un jour de l'échange de notes qui eut lieu entre le Directoire et le malheureux grand duc. Le Directoire, avec sa cafardise et sa perfidie habituelles, voulait lui faire jouer à l'égard du Pape un rôle qu'il n'osait pas lui-même prendre devant l'Europe, c'était le grand duc qui devait se faire l'agent, l'exécuteur public des odieuses persécutions du Directoire envers son prisonnier, et le Directoire voulait s'arranger de manière à décliner toute responsabilité, et se laver les mains.

de sa famille ; mais cette infamie devait être forcément révélée par la vente de ces biens comme nationaux, aussi les Commissaires éprouvaient-ils le besoin de lancer contre le malheureux prisonnier cette accusation absurde, dans le double but, de le tuer *par accident* et de trouver un prétexte pour lui voler sa fortune avec celle de sa famille !

Le 23 floréal, les Commissaires demandèrent au grand duc d'envoyer au plus vite le Pape en Sardaigne. Leur lettre est très pressante, mais étonnamment courtoise dans la forme, pour des agents du Directoire envoyant ses ordres à un prince sans armée et faible de caractère : ils se rendaient très bien compte qu'ils lui proposaient une infamie ! C'est de Sienne, disent-ils (où ils ont eux-mêmes installé le Pape malgré le grand duc), que Pie VI donne le signal de l'insurrection. En vrais Tartufes, ils déplorent longuement cette guerre au nom de l'humanité, et n'osant envoyer Pie VI mourir à Sinamary, de *la guillotine sèche*, ils espèrent arriver au même résultat, en lui faisant faire, à lui malade, au nom de l'humanité, un voyage qui le tuera. Le ministre toscan Fossombroni leur répondit que si le voisinage du saint Père de la république romaine avait quelque influence sur les événements, elle s'exercerait naturellement sur les pays les plus proches de Sienne, tandis qu'au contraire c'était à Citta di Castello, ville très éloignée de Sienne, que paraissait être le foyer de l'insurrection. Le but du Directoire était si clair, que le grand duc, malgré son état de dépendance, refusa le rôle honteux qui lui était assigné, invoqua résolument l'état de santé du Pape, et traîna la négociation jusqu'au moment où le Directoire crut de son intérêt de le détrôner aussi.

Le Consulat romain, très soucieux de faire un peu parler de lui, entreprit de lutter d'infamie avec les commissaires. Consalvi, coupable d'avoir exercé les fonctions de ministre de la guerre, était prisonnier depuis l'occupation de Rome. On l'avait menacé de la déportation à Cayenne, puis on s'était contenté de l'exiler de la république romaine. Au moment où il allait s'embarquer, il fut arrêté de nouveau et reconduit au château Saint-Ange. Après un mois de cette nouvelle captivité le Consulat romain décida qu'il serait déporté à Naples (on voulait l'empêcher de rejoindre Pie VI en Toscane); mais qu'auparavant il serait traîné sur un âne par les rues de Rome, au milieu des sbires, et que durant le trajet il recevrait des coups de lanières. On loua des fenêtres dans les rues où ce cortège devait passer : les Jacobins et les femmes des consuls se faisaient grande fête d'assister à ce beau spectacle [1]. Ses amis réclamèrent auprès de Gouvion Saint-Cyr, qui daigna consentir à ne pas sanctionner la cavalcade publique sur l'âne, et les coups de lanières, mais approuva sa déportation. Ses biens furent confisqués.

Les progrès de l'insurrection mettaient dans une véritable rage tous les révolutionnaires français et italiens. Les départements du Cimino et du Trasimeno étaient en feu, lorsque tout à coup Brune, qui avait besoin de troupes en Cisalpine, rappela les cinquième, onzième, douzième et quinzième demi-brigades, et le vingt-quatrième chasseurs. Les Commissaires virent avec effroi qu'il ne leur resterait plus que la légion polonaise, le dix-neuvième chasseurs, la trentième demi-brigade en tout trois mille quatre cents hommes qui ne pourraient jamais suffire à garder les huit départements, à occuper plusieurs places « et réprimer *dix mille rebelles armés.* » (Lettre du 24 floréal.) Ils prirent en conséquence, le 15 floréal (4 mai 1798), un arrêté réquérant le général Saint-Cyr de garder provisoirement les troupes employées à combattre les rebelles, et réclamées par le général Brune [2].

Ils écrivirent à Brune qu'une nécessité impérieuse les avait contraints à prendre cette décision, et qu'il les approuverait lorsqu'il connaîtrait exactement la situation. Depuis deux mois, la présence de seize ou dix-sept mille Français n'a pas empêché les insurrections ; l'armée a été déjà affaiblie par le départ des troupes embarquées avec Desaix ; il est certain qui si l'on rappelle la plus grande partie de celles qui restent, la république romaine sera anéantie.

[1] *Mémoires du cardinal Consalvi*, t. II, p. 82.

[2] Ils expliquent dans les considérants de l'arrêté que le département du Trasimène est en insurrection ouverte, et que la retraite des troupes qui c. rnent les rebelles à Città di Castello livrerait le pays entier, et Rome aux agitations contre-révolutionnaires. Il y a aussi des insurgés sur d'autres points ; si les troupes réclamées par le général en chef s'en vont, on ne pourra garder que Rome et Ancône. Civita Vecchia et plusieurs positions importantes seraient bien vite occupées par les rebelles qui intercepteraient ainsi toute communication avec la Méditerranée. Les campagnes cesseraient de payer toute contribution, l'insurrection serait générale, la république romaine succomberait, et la forte contribution qu'elle paie serait perdue pour l'armée d'Italie dont elle est la principale ressource. Archives nationales, A F 3, 77.

Il importe de constater que son sort ne paraît guère préoccuper les Commissaires, gens pratiques, qui se soucient peu qu'on évoque au Capitole les « Mânes des Caton, des Pompée, etc. » et apprécient à leur juste valeur les nouveaux Brutus. La république romaine n'est pour eux qu'un moyen d'exploiter ce pays. On tient sans doute, disent-ils, au renversement du gouvernement pontifical, au maintien de la république nouvelle.

« Mais quand on *pourrait se résigner au rétablissement de la papauté*, et au sacrifice de tous les patriotes romains qui ont si mal mérité d'elle, il faudrait examiner encore si l'*armée d'Italie* pourra remplacer par d'autres ressources celles que lui promet ici l'acquittement successif de l'imposition militaire, la vente des biens confisqués au profit de la république française et de ceux que la convention avec le Consulat nous a réservés [1]. »

Ainsi l'argent avant tout ! mais même avant le fanatisme antireligieux ! Les Commissaires, comme les Directeurs, comme les généraux, doutent fort que la nouvelle république soit née viable, mais il faut que l'occupation de Rome soit lucrative au Directoire.

Le nouveau gouvernement romain n'était maitre de rien en fait, et même en droit d'après l'article 369 : et cependant on ne cessait de lui demander de l'argent. Ainsi, le 11 prairial il écrit au Directoire que les Commissaires lui demandent trois millions six cent mille piastres effectives, trente mille chemises, autant de paires de souliers, avec l'entretien de l'armée, et qu'il dispose seulement de sept millions et huit cents écus en papier réduits par le change à un million et demi de piastres ! Cependant, pour mettre fin à certaines vexations, les Commissaires avaient pris le même jour un arrêté décidant qu'aucune contribution ne pourrait être imposée, ni directement, ni indirectement, ni sous prétexte d'amende ou de police, que d'après les traités et conventions. Cet article visait certains généraux et officiers supérieurs.

La république romaine s'étant engagée à fournir l'entretien de l'armée, il était interdit de rien lui demander en plus : ceci s'adressait aux administrateurs et agents des vivres. Bien qu'alors on déclarât l'insurrection vaincue, cet arrêté contenait

[1] Archives nationales, A F 3, 77.

des dispositions draconiennes, contre les rebelles ou présumés tels [1].

Les Commissaires avaient donc la double tâche de spolier les Romains, le plus vite possible au profit du Directoire, et en même temps de protéger cette spoliation en grand, contre les gaspillages, les dilapidations, les concussions d'agents de toute sorte. De même sous la Terreur, les proconsuls conventionnels devaient veiller à ce que les Français régénérés ne fussent pillés que par le Comité de salut public. Si le Directoire avait été désireux d'assurer à la nouvelle république romaine quelque chance de durée, il aurait dû lui laisser de quoi vivre, ne pas épuiser ses ressources présentes et à venir, par d'énormes contributions, ni par le papier monnaie ; mais il avait trop besoin d'argent ! Alors que faire ? Faut-il emporter bien vite tout l'argent et tous les objets d'art, réaliser à tout prix ce qui est réalisable, et abandonner cette république à son sort ; ou bien lui laisser quelques ressources pour prolonger sa débile existence. Cette question était déjà formellement posée au Directoire, moins de trois mois après l'installation des nouveaux Consuls, par les Commissaires français obligés de lutter contre une multitude de difficultés financières et politiques Le 13 prairial (2 juin 1798) ils lui écrivent qu'il faut choisir entre ces deux systèmes. Faut-il, sans se soucier de la république nouvelle, considérer cette contrée uniquement au point de vue fiscal, et ne voir en elle qu'une mine assez pauvre et qu'il faut épuiser de suite ? Ou bien faut-il procéder plus lentement, faire vivre cette république pour qu'elle puisse exécuter la convention du 8 germinal.

« *Trente-cinq millions payés par le Pape*, et depuis *vingt-cinq millions* de biens nationaux, confisqués au profit de la France. *Cinq autres millions* de biens cédés par la convention du 8 germinal. Cinq cents caisses d'objets d'art dont la valeur ne peut être assignée : de plus huit cent mille piastres déjà effectivement perçues : deux millions huit cent mille autres à percevoir à des termes fixés : les troupes françaises nourries jusqu'à ce jour :

[1] Les délits d'embauchage et d'agression contre les troupes françaises peuvent être jugés par les tribunaux militaires français, et si, dans d'autres cas que ceux prévus, on trouvait nécessaire d'arrêter et de détenir des citoyens romains, il en serait référé aux Commissaires, qui devenaient ainsi de véritables proconsuls.

l'obligation de les nourrir tant qu'elles existeront sur le territoire romain, voilà, citoyens Directeurs, ce que fournissent huit départements dont *la population n'est pas de seize cent mille habitants.* »

Après un résumé aussi frappant, toute réflexion sur le sort des Romains serait superflue. La nouvelle république, à qui le Directoire devrait témoigner une sympathie aussi active que sa haine l'avait été contre le gouvernement pontifical, est aussi sacrifiée que ce dernier à l'amour du pillage. Voyons maintenant à quoi tout cet argent est employé.

« Environ deux millions cinq cent mille francs pour l'expédition de Civita-Vecchia ; cent cinquante mille pour Corfou ; cinquante mille pour la marine d'Ancône ; un million sept cent mille envoyés au quartier général de Milan ; cent quatre-vingt mille employés au paiement de la solde arriérée et autres dépenses, voilà les principaux usages que l'on a faits jusqu'ici des fruits de la conquête de Rome qui ont pu être réalisés. Cependant, s'il faut en croire les généraux et les administrateurs militaires établis à Milan, la révolution de Rome n'a pas été assez *rendante.* L'unique parti à prendre pour en tirer désormais un parti plus convenable, *c'est de considérer et de traiter les finances de l'État romain comme finances de l'armée française.* Quelque étrange que soit ce langage, nous sommes loin de le reprocher à ceux qui le tiennent, puisqu'il ne leur est suggéré que par les besoins qui les touchent de plus près, et auxquels ils trouvent commode de satisfaire par *des exactions* qui s'exerceront loin d'eux, et sur un peuple au milieu duquel ils ne vivent pas [1]. »

Aussi ce peuple, ruiné, écrasé, ressentira fatalement une haine profonde pour la révolution qui l'aura conduit à la misère ! Cependant on ne peut abandonner de longtemps à eux-mêmes les consuls, députés, romains à cause de leur inactivité et de leur inexpérience. D'ailleurs chez les autres républiques italiennes, l'établissement du régime républicain a été précédé de mouvements révolutionnaires (suscités on sait par qui !). Mais à Rome, les Commissaires le reconnaissent, il n'en a pas été ainsi, le changement a été fait tout d'un coup : aussi est-il à craindre que

[1] Archives nationales A F 3, 77.

les Romains laissés à eux-mêmes tombent dans l'anarchie. Les Commissaires ne veulent pas avouer que dans ce cas les campagnes rétabliraient bien vite l'ancien gouvernement. Pour assurer l'influence de la France sur cette contrée, ils proposent de diviser l'armée d'Italie en deux ; ainsi l'armée de Rome serait commandée par un général indépendant de celui de Milan.

Quelques jours après (21 prairial), les Commissaires annoncent que la république romaine est tout à fait épuisée et ne peut payer les cinq cent mille piastres qu'elle doit verser tous les mois dans leur caisse. Heureusement on vient de vendre des biens nationaux qui ont produit cinq cent quatre-vingt mille piastres (environ trois millions cent mille francs). Là-dessus on a pris cent mille piastres pour la Corse, deux cent mille pour l'armée de Cisalpine qui en avait déjà reçu quatre cent mille quinze jours auparavant, et la solde est payée jusqu'au 1er prairial. Ils ont traité avec une Compagnie qui s'est chargée d'assurer les services financiers de l'État romain jusqu'à concurrence de vingt millions : elle sera payée en fonds de terre estimés à dix fois le revenu de 1793. Les biens-fonds en Italie ont subi comme en France une notable dépréciation. Cette Compagnie est substituée par eux à la compagnie Baudin chargée des fournitures de l'armée d'Italie et qui était alors une véritable puissance. Les Commissaires sont en guerre avec elle, mais le ministre la protège ; de là des discussions sans fin, des projets financiers tantôt abandonnés, tantôt repris.

La situation financière est déplorable. Les Commissaires avouent que les cédules sont tout à fait tombées, malgré les lois qu'ils ont faites pour relever le crédit : on les abandonne à leur sort : il en sera d'elles comme des assignats et des mandats territoriaux. Ainsi Rome connaîtra tous les bienfaits de la révolution.

A cette époque la Commission ne se compose plus que de Faipoult et de Florent. Daunou est allé à Naples, d'où il se rendra bientôt à Paris pour siéger aux Cinq cents. Monge était déjà parti avec l'expédition d'Égypte. Quelques jours plus tard Faipoult est envoyé à Milan, pour pressurer encore la Cisalpine. La commission est réduite au seul Florent, et il est question de la supprimer. Le Consulat romain qui se sait condamné à la dépendance la plus étroite, mais redoute d'être à la discrétion d'un général français, réclame vivement le maintien de cette

Commission, qui du moins l'exonère de toute responsabilité. Il déclare au Directoire (26 prairial) que son existence est indispensable à la république romaine, car elle a besoin d'une législation complète, et son corps législatif est incapable de la lui donner ; car beaucoup de ses membres sont sans expérience, d'autres sont astucieux, perfides, et ne cherchent qu'à l'égarer : sur dix ou douze décrets rendus par lui *deux* seulement ont obtenu la sanction du général. Il va prendre ses vacances « et nous pouvons vous dire avec certitude, que ses directions ont été si contraires aux intérêts de la république, que cette séparation doit être considérée comme un bienfait ! » Le général en chef ne peut faire cette législation : ce serait une besogne trop lourde pour un seul commissaire : il faut donc réorganiser la Commission. On en a besoin également pour procéder à une épuration : en quinze ou dix-huit jours, on a nommé douze à quinze cents fonctionnaires, aussi, bien des choix sont à réviser ; mais le Consulat ne veut pas en prendre l'initiative.

La république est sans ressources : « nous n'avons trouvé aucune caisse qui ne fût vide, ce qu'avait laissé l'ancien gouvernement, l'administration française l'avait emporté. » La Commission a adopté tout un système de lois, d'expédients financiers, il faut absolument qu'elle le poursuive elle-même. Le Consulat lui est très reconnaissant d'avoir arrêté bien des taxes inutiles, bien des dilapidations sans profit pour l'armée.

« Il n'est aucun citoyen qui ne reconnaisse que c'est à ses arrêtés pleins de sagesse et de force qu'il doit la conservation de sa fortune, et l'affranchissement des *Tables* ruineuses, et autres contributions auxquelles il était obligé de pourvoir[1]. »

Les commissaires sont du même avis : Florent et Faipoult écrivent aussi (26 prairial) qu'on doit encore conserver à Rome une commission française car « il s'en faut de beaucoup que la république soit établie et consolidée » et il reste bien des choses à faire, surtout « arrêter et prévenir les dilapidations. »

[1] Ce genre d'extorsion n'était pas particulier à l'armée d'Italie : le 28 pluviose an VI le Directoire prit un arrêté pour réprimer ces abus dans l'armée de Mayence, et destitua deux généraux de brigade qui avaient exigé de force leurs *frais de table*. L'un d'eux avait envoyé *six grenadiers à discrétion*, chez chacun des membres de la régence, pour y rester jusqu'à ce que la somme exigée pour ces frais fût acquittée. Voir l'arrêté dans le *Journal des Débats et Décrets*, pluviôse an VI, p. 414.

Les Consuls craignaient beaucoup de n'être plus protégés par des Commissaires, contre les généraux et les officiers français, qui les regardaient comme des mannequins, et ne se gênaient pas pour le proclamer bien haut. Une commission militaire osa dans un jugement les attaquer avec une violence tout à fait clubiste [1]. Officiers et soldats méprisaient ouvertement les Directeurs qu'ils avaient faits, en fructidor an V, maîtres de la France : comment auraient-ils pu observer même les plus simples convenances avec ces pauvres hères, parés du titre de Consuls pour parader dans certaines circonstances, et toucher un traitement ! Ils ne les prenaient pas plus au sérieux que ces figurants, déguisés en héros romains, qu'ils avaient vu défiler en France, dans les grotesques cortèges des fêtes révolutionnaires. Ils occupaient un pays conquis ; ils voulaient que l'armée en fût seule maîtresse, et en profitât seule; l'autorité des Commissaires civils leur était odieuse.

Les généraux étaient là dessus du même avis que leurs inférieurs. Le général commandant était investi par l'article 369 de la Constitution d'une autorité sans limites sur le gouvernement romain. Mais il était sous les ordres du Directoire, et le Directoire avait délégué son autorité aux Commissaires, de telle sorte que ce général, si puissant d'après la lettre de la Constitution, n'était que l'exécuteur de leurs volontés. S'il leur plaisait de faire une loi quelconque, ils la lui envoyaient avec injonction de la signer et de la publier ; et le général devait docilement prêter son nom à toutes leurs élucubrations administratives et financières, et en porter la responsabilité devant le public, puisqu'il les avait signées. Au moins aurait-il désiré qu'on le laissât maître de l'armée, mais, sous prétexte de nécessités politiques,

[1] Les Consuls avaient nommé un officier français chef d'une légion romaine qu'ils essayaient d'organiser. Ils furent obligés de le destituer pour de nombreux actes d'insubordination, et pour violation des règlements. Il demanda à être jugé par un conseil de guerre : les consuls refusèrent. Alors il obtint du général français de comparaître devant une commission française militaire, qui le déclara blanc comme neige, et attaqua très violemment le gouvernement romain : d'après elle la Constitution lui avait accordé le droit de destitution, mais ne l'avait pas autorisé à en abuser ; les arrêts des conseils de guerre en cas de destitution, *ne sont que la sanction de l'opinion publique : l'intrigue seule* a pu faire prendre par les consuls un arrêté de destitution contre lui, et cet arrêté « doit être *regardé comme un acte arbitraire.* Le Directoire déclara nul ce jugement.

les Commissaires en réclamaient aussi la haute direction : tôt ou tard il devait y avoir conflit. Il éclata au sujet de la formation du corps de gendarmerie romaine. Gouvion Saint-Cyr, d'accord seulement avec certains membres du gouvernement romain, nomma les officiers de gendarmerie sans consulter les Commissaires. Ceux-ci lui rappelèrent, avec courtoisie, que les instructions du Directoire lui interdisaient d'agir en vertu de l'article 369 sans s'être entendu avec eux. Ils déclarèrent. en outre, très catégoriquement au Consulat que les nominations auraient dû être faites d'accord avec eux, et les annulèrent par un arrêté formel [1]. Gouvion Saint-Cyr en fut très irrité. Les Commissaires lui envoyèrent leur liste : mais il s'obstina à la garder sans rien répondre. Aussi le 27 messidor Florent s'en plaignait au Directoire, et lui faisait observer, que l'entêtement d'un général à refuser de signer les actes du gouvernement pouvait tout paralyser, et qu'il fallait supprimer cette formalité. Si le Directoire, dit Florent, veut conserver à Rome une autorité civile, il faut à cause de l'éloignement qu'elle soit forte, et en impose aux militaires.

La crise financière fournit aux patriotes romains, si lestement traités, l'occasion de montrer leur mécontentement : Daunou, en revenant de Naples, passa quelques jours à Rome, et de concert avec Florent il fit publier le 17 messidor, par le général, qu'on n'admettrait plus aux paiements que le numéraire, ou le papier monnaie au cours. Cette loi suscita naturellement les plus vives réclamations. Le Tribunat osa envoyer une députation à la Commission. Elle était alors réduite au seul Florent qui tint ferme : mais l'on continua à protester violemment, et l'on résolut de profiter d'une fête civique pour faire une grande démonstration. Le général de la garde nationale, était, paraît-il, du complot, mais Florent, prévenu à temps, le destitua, et suspendit la fête.

[1] 3 messidor. *Brémond*, ministre romain de la guerre, qui avait fait ce travail avec les commissaires, vit avec beaucoup d'étonnement que Saint-Cyr avait fait d'autres choix, de concert, disait on, avec le chirurgien accoucheur consul Angelucci. D'après Brémond (qui déclarait n'y pas ajouter foi) le bruit courait que les places militaires les plus importantes avaient été tirées au sort, et qu'on avait attendu la fin d'un grand dîner pour présenter cette liste à celui qui devait la ratifier En tout cas les brevets avaient été expédiés, sans que lui, ministre de la guerre, en sût rien. Archives nationales, A F 3, 77.

Les maîtres de Rome essayaient de se concilier les basses classes aux dépens des citoyens aisés [1]. Florent annonçait le 27 messidor au Directoire que le Tribunat allait soumettre au sénat une loi imposant les riches d'une année de leur revenu. Cette contribution, destinée à rapporter plusieurs millions, était de l'invention des Commissaires, mais ils avaient jugé plus politique de la faire proposer et voter par le corps législatif romain, qui en supporterait ainsi tout l'odieux. Le pauvre Florent, resté seul à Rome, se trouvait obligé de lutter à la fois contre l'hostilité sourde de l'armée, contre le mécontentement des Romains qui commençait à se manifester, et même contre le ministre de la guerre Schérer qui voulait lui imposer la Compagnie Baudin, et faire verser l'excédent des fonds de la contribution romaine, à Milan, pour en faire profiter l'armée d'Italie, tandis que Florent le réclamait énergiquement pour l'armée de Rome. Il y avait une rivalité très fâcheuse entre les administrations et les états major de Milan et de Rome ; l'armée de la Cisalpine voulait tout absorber. Pour comble d'ennui, la nouvelle république, déjà troublée par la mésintelligence des autorités, était désolée par de nouvelles insurrections dans la partie voisine du royaume de Naples, et redoutait même de ce côté une invasion.

En occupant Rome à l'improviste, le Directoire avait évité pour l'instant la guerre avec le roi des Deux Siciles ; mais, depuis le renversement du Pape, ses rapports avec Ferdinand IV étaient extrêmement tendus. Les Napolitains ne pouvaient pas ne pas voir que leur indépendance était très menacée, et les révolutionnaires locaux quoique fort peu nombreux, se remuaient beaucoup. La France, au nom de la nouvelle république, réclamait les enclaves de Bénévent et de Ponte Corvo, et le roi de Naples, qui en contestait la possession au Saint Siège, se montrait encore plus disposé à les revendiquer depuis son renversement. Mais la république française déclarait hautement que ces territoires lui appartenaient par cette raison bien simple, qu'ayant dépouillé le propriétaire elle avait succédé à tous ses

[1] La loi du 27 messidor maintenait la valeur nominale d'un petit papier appelé *resti* qui avait cours surtout dans la classe pauvre : il ne perdait que la moitié ! .. les autres étaient dépréciés de onze douzièmes ou même de dix-neuf vingtièmes. La contribution de trois pour cent ne fut pas exigée des propriétaires qui n'avaient pas dix mille francs de capital.

droits. Cependant on parla de céder ou de vendre Bénévent au roi des Deux Siciles. Les Commissaires proposèrent au Directoire de se servir contre lui d'un argument très curieux chez des révolutionnaires. Il pouvait, disaient-ils, répondre aux prétentions du roi des Deux Siciles.... en invoquant le droit de suzeraineté du Saint Siège sur son royaume ! Un pareil argument est admirable sous la plume de gens qui, la veille, déclamaient avec tant de rage contre la théocratie papale, contre ses prétentions odieuses et insensées à dominer les trônes et à opprimer les peuples, etc., etc. Ces droits du Pape, si bafoués auparavant, deviennent pour eux incontestables, maintenant qu'ils prétendent avoir hérité de lui, et volontiers ils en réclameraient en son nom, qu'il n'a jamais songé à revendiquer [1]. Les Commissaires étaient d'avis qu'on fît valoir ce droit de suzeraineté pour tirer de l'argent du roi de Naples, ou lui faire céder du territoire à la république romaine. Ils tenaient à conserver l'enclave de Bénévent, parce qu'elle leur devait être très utile au moment où ils réaliseraient leur projet de renverser le roi de Naples.

De son côté, Ferdinand IV voyant que les républiques française et romaine ne cessaient d'encourager les révolutionnaires à conspirer, se demandait s'il ne valait pas mieux risquer le tout pour le tout, au lieu d'attendre que les Français, qui l'accusaient déjà de connivence avec les insurgés, choisissent leur moment pour envahir son royaume avec des forces écrasantes.

L'armée de Rome était peu nombreuse, les campagnes prêtes à s'insurger encore ; il pourrait peut-être, par un hardi coup de main, refouler les Français vers la Haute Italie, et alors l'Autriche, mécontente de la paix de Campo Formio, se mettrait de la partie. Le Commissaire français redoutait cette attaque, et il avouait (le 13 thermidor), que l'État romain était encore prêt à s'insurger, et que l'armée française n'était forte que de onze mille hommes.

[1] Archives nationales, lettre du 9 ventôse, A F 3,77.
Cette proposition parut sérieuse au Directoire. Une note de Merlin indique que cette lettre fut remise au ministre des relations extérieures pour faire un rapport. Le 8 germinal suivant Florent écrit encore que Bénévent va devenir le repaire des patriotes napolitains, que *l'étincelle révolutionnaire* peut en partir : aussi vaut-il bien mieux s'en servir pour préparer la révolution que l'échanger !

L'opinion générale était qu'en cas de guerre, soit avec l'Autriche, soit avec Naples, il faudrait évacuer Rome : le Commissaire français pensait qu'au contraire, il faudrait se porter sur Naples, où l'on trouverait de grandes richesses!

En effet, le produit du pillage de Rome avait déjà disparu dans le gouffre, et il ne restait plus en Italie qu'une seule ville riche à piller, Naples ! Pour bien des raisons politiques, depuis l'occupation de Rome, la guerre était inévitable entre le Directoire et Ferdinand IV ; mais quand bien même ces raisons n'eussent pas existé, l'attrait, la nécessité du butin auraient poussé les soldats du Directoire contre Naples. Faipoult écrivait aussi de Milan qu'il ne fallait jamais évacuer Rome, parce qu'on renoncerait ainsi à de grandes ressources, mais au contraire s'emparer de Naples (17 thermidor): seulement il demandait qu'on envoyât de France en Italie dix millions pour l'armée, et trente mille soldats ; il avoue, en effet, que si la guerre ne se fait plus avec des paysans insurgés, tout le monde à Rome croit qu'il faudra bien vite évacuer cette ville au premier coup de canon ; et cette conviction, suivant lui, a fait adopter des mesures financières trop précipitées. Ainsi, pour vendre le plus possible de biens nationaux, on en a cédé à des fournisseurs et autres agents porteurs d'ordonnances de paiement sous la condition de payer le quart au comptant, ou en traites acceptées. Ce quart était aussitôt versé à la caisse de l'armée dont il constituait à peu près la seule ressource, car les acheteurs de biens nationaux autres que des fournisseurs n'étaient pas nombreux. Quelques fournisseurs même avaient obtenu de payer complètement leurs achats en ordonnances ; ils recevaient ainsi des biens nationaux en paiement : leurs créances étaient éteintes, mais rien ne rentrait en caisse pour la solde. Faipoult envoie un tableau des ventes faites à cette époque : parmi les biens vendus on compte deux domaines du duc Braschi, neveu du Pape ; ainsi l'ignoble décret de confiscation était exécuté [1] !

[1] Le prix de ces ventes s'éleva à six millions neuf cent trente-quatre mille deux cent soixante-dix francs huit sous, dont deux mille trois cent trente-cinq francs trois sous quatre deniers en argent comptant ou en traites acceptées. Presque tout a été vendu à des fournisseurs. La Compagnie Sicubert et Valadier chargée de transporter tous les objets d'art enlevés à Rome, c'est-à-dire d'expédier plus de cinq cents caisses et au delà, du poids de trois cent mille quintaux, devait recevoir en compensation pour un million huit

Le Consulat romain obtint gain de cause : la Commissio fut reconstituée. Le Directoire, par arrêté du 13 messidor, remplaça Daunou par Duport (du Mont Blanc), substitut du commissaire près le Tribunal de cassation, et Monge par Bertolio, ex-substitut du commissaire près les tribunaux civil et criminel de la Seine. La situation était toujours très grave : l'insurrection avait été encore vaincue dans le département du Circeo, mais la lutte avait été violente ; on s'était battu six heures à Terracine, et cette ville avait été à la fin pillée par les soldats : ses habitants avaient eu soin d'envoyer leurs femmes et leurs enfants dans le royaume de Naples (lettre des commissaires du 27 thermidor). Les commissaires, très effrayés, prirent le parti de dépêcher, par un arrêté formel, leur collègue Florent au Directoire avec mission de lui demander de prendre les mesures nécessaires « pour sauver cette république de la ruine dont elle est menacée. »

A Rome comme à Paris, on s'était mis à agioter avec fureur sur le papier monnaie. Après avoir démonétisé, le 5 germinal, les cédules au-dessus de trente-cinq écus, en les admettant seulement au paiement des biens nationaux, la Commission leur avait donné cours forcé le 27 floréal, en les réduisant au tiers de leur valeur. Tel était, d'après elle, le cours du jour ; mais l'agiotage en profita et il y eut une baisse énorme. Alors les commissaires traitèrent les cédules comme on avait en France traité les assignats ; elles ne furent plus admises qu'au cours du jour proclamé par le Consulat. Le premier tarif fut du douzième, mais on descendit au quinzième et au vingtième. Le 24 thermidor une nouvelle loi décida que les cédules non démonétisées seraient au bout de deux mois échangées contre des lettres de

cent mille francs de biens nationaux sans être tenue de verser un quart suivant l'usage : elle s'est fait adjuger cette fois quatre lots pour neuf cent cinquante-trois mille quatre cent soixante-et-onze francs dix-huit sous payés simplement en ordonnances : parmi ces biens on voit figurer ceux du duc Braschi ; et un domaine du cardinal Albani frappé comme lui.

Un arrêté du 13 messidor avait autorisé la Compagnie Baudin à acheter des biens nationaux en Italie pour une valeur de deux millions en numéraire, et avait assuré dans certains cas un véritable privilège à ses ordonnances, qu'elle devait présenter en payement. Au reste les fournisseurs ne devaient acheter qu'à de très bas prix, car la propriété des biens nationaux était très incertaine, puisque l'évacuation subite des Etats romains était regardée comme nécessaire en cas de guerre.

change tirées par le payeur de l'armée *sur les personnes taxées à raison de la contribution extraordinaire*. Ce nouvel expédient n'eut aucun succès ; les commissaires déclarèrent bientôt que ce papier *semblait comme frappé à mort* et qu'il était inutile de faire aucun sacrifice pour tenter de le relever.

Ils se plaignaient aussi des calomnies nombreuses qu'on avait lancées contre eux, et dénonçaient avec beaucoup d'amertume l'impéritie, la corruption des fonctionnaires de la nouvelle république. Depuis sept mois que cette république était proclamée, on avait prodigieusement pillé, taxé, et en revanche inondé Rome d'un papier-monnaie qui paraissait devoir bientôt rivaliser avec celui de Paris. La misère était universelle, mais, par compensation, on voyait une bande d'aventuriers tarés, même à Paris, s'engraisser impudemment aux dépens et des Romains et de l'armée française [1]. Les révolutionnaires français reprochaient aux patriotes italiens leur paresse, leur incapacité, leur ridicule présomption, leur corruption, etc., etc. Ceux-ci répondaient que l'avidité insatiable des Français, leurs odieuses dilapidations, leur despotisme étroit et tracassier, étaient les véritables causes de la misère publique et de l'insurrection des campagnes. Mais les révolutionnaires français étaient les plus forts : ils prirent donc le parti de chasser ignominieusement tous ces vertueux patriotes qu'ils avaient installés, quelques mois auparavant avec une pompe si ridicule, en qualité de successeurs des Brutus et des Scipion.

III

En dignes agents du Directoire, Bertolio et Duport décidèrent que la république par lui créée, aurait aussi sa journée de fructidor, et ils procédèrent consciencieusement à cette opération indispensable.

Ne voulant pas être soupçonné de jeter à dessein du ridicule ou de l'odieux sur un coup d'état républicain, nous reproduisons

[1] Un arrêté du Directoire du 21 fructidor an VI, ordonne aux Commissaires de Rome et au général en chef de l'armée d'Italie, d'expulser *sans délai* de l'Italie tout Français qui s'y est rendu sans mission du Gouvernement. Mais il fallait bien y tolérer une foule d'individus, agents des fournisseurs avec qui le Directoire avait traité.

simplement le rapport qu'ils adressèrent au Directoire sur leur petit fructidor.

Dans une longue lettre, datée du 5e jour complémentaire de l'an VI, ils déclarent qu'il était devenu indispensable de changer un personnel gouvernemental détesté, honni même par les révolutionnaires.

« Depuis Paris jusqu'à Rome il ne s'élevait qu'un cri contre les individus composant le Consulat romain : les rochers des Alpes et de l'Apennin semblaient le répéter, et nous n'avons pas tardé à acquérir la triste conviction que ce cri n'était que l'expression de la vérité.

« Des cinq consuls alors en place, trois, Angelucci, Reppi et Matheis avaient encore pour eux l'opinion d'un certain parti ; les deux autres, Visconti et Panazzi étaient en butte à toutes les classes de patriotes, mais tous les cinq collectivement, c'est-à-dire le consulat, étaient chargés d'une haine générale, d'un mépris universel, et *il est difficile de trouver dans l'histoire un genre de gouvernans plus avilis* [1].

« Cette haine, ce mépris, cet avilissement étaient le résultat de la conduite des gouvernans. La corruption, la vénalité, les passions haineuses et vindicatives animaient toutes les délibérations. Des séances entières se passaient en vives discussions pour faire placer un parent, un ami, un partisan, *un homme qui avait payé à deniers comptants* le poste qu'il désirait. La chose publique ne les occupait presque jamais. De là tous les ressorts de l'administration étaient brisés, disons mieux, jamais l'administration générale n'a existé. On savait à Rome qu'il y avait des consuls, mais on l'ignorait dans les départements ou on feignait impunément de l'ignorer. Les administrations, soit centrales, soit municipales formaient des corps à part, s'isolaient, gouvernaient suivant les règles de leurs caprices ou de leurs intérêts privés, et *détournaient à leur propre usage jusqu'au produit des contributions publiques*. On cassait quelquefois une municipalité, mais le lendemain l'orgueil et l'intrigue la faisaient réintégrer.

« Si l'on sort de la salle des délibérations du Consulat, on voit les consuls paraître avec luxe et hauteur, on en voit plusieurs rapidement enrichis, on leur reproche publiquement leurs rapines et leurs débauches : les patriotes prononcés sont éloignés des places et n'osent plus se montrer ; même chez nous, les hommes les plus antipatriotiques occupent les premières places. »

Aussi l'aristocratie relève la tête, car le nouveau régime n'ins-

[1] Ces accusations sont-elles tout à fait méritées ? On comprendra que nous ne garantissons pas la sincérité absolue des agents des Fructidoriens !

pire que mépris et indignation : le gouvernement napolitain acquiert une grande influence : les malveillants mettent en circulation une foule de fausses nouvelles, ils disent que la France a vendu la république romaine au roi de Naples : aussi l'anxiété est générale, toutes les transactions sont paralysées. Les Commissaires n'ont jamais cessé de démentir les fausses nouvelles données par les gazettes étrangères.

« Nous avons opposé aux bruits venus de Naples sur Bonaparte et notre flotte, et qui étaient vraiment désolants, un récit vrai de tous les événements. Tandis qu'on célébrait à Naples la *prétendue victoire de Nelson*, nous avons fait tirer le canon du château Saint-Ange et illuminé Rome, en réjouissance de la conquête de l'Égypte. »

Sans doute l'Égypte était conquise ; mais il n'en était pas moins vrai que Nelson avait détruit notre flotte à Aboukir, et il n'y avait guère lieu d'illuminer !

Lorsque les révolutionnaires font un coup d'état, ils déclarent toujours que c'est pour déjouer un effroyable complot. On avait ainsi procédé au 10 août, au 31 mai, au 18 fructidor. Les Commissaires ne pouvaient se dispenser de proclamer qu'ils étaient entourés de conspirateurs. Ils adressèrent une proclamation menaçante aux fonctionnaires romains ; ils avaient, disaient-ils, acquis la preuve d'odieuses machinations ; les traîtres et les dilapidateurs allaient être arrêtés et traduits devant un conseil de guerre : « Combattez le monstre de l'anarchie ; ne redoutez pas les *Porsenna modernes* (ingénieuse allusion au roi de Naples) [1] ; vous êtes couverts par une armée invincible. » Ils annoncent qu'ils ont pris des mesures de salut public, qu'ils ont fait une loi contre les émigrés romains dans le même esprit que celles de France, et qu'ils expulsent les étrangers suspects. Puis ils procèdent ainsi à leur coup d'état.

« Le 29 fructidor parut, dans un supplément du *Moniteur de Rome*, un sortie très vigoureuse contre les cinq consuls [2]. Par un arrêté

[1] Ils accusent les fonctionnaires et administrateurs de détourner les contributions, et prétendent que, dans certains départements, ils ne se sont pas contentés d'entraver des ventes de biens nationaux, mais qu'ils ont eu l'audace d'annuler des ventes faites par les agents de la république française.

[2] Il est très probable que cet article a été inséré à dessein par les Commissaires, c'est un dialogue entre Pasquin et Marforio. Pasquin compare les Consuls à des médecins, Rome à une malade. Il parle d'abord de l'ex-

du 30, nous supprimâmes ce supplément et fîmes enlever ce qui en restait d'exemplaires chez l'imprimeur. Le même jour Angelucci nous offrit avec beaucoup de générosité sa démission, nous l'acceptâmes en lui faisant une réponse honorable au point de vue de son patriotisme. Le lendemain 1er complémentaire, Reppi et Mathéis nous envoyèrent la leur que nous acceptâmes avec des réponses également honnêtes. Visconti et Panazzi, *les deux plus abhorrés*, crurent devoir tenir ferme. Ils publièrent que les démissions de leurs collègues n'étaient que le résultat d'une intrigue ménagée pour les effrayer.

« Le deuxième jour complémentaire [1] à dix heures du matin, une loi accepta les démissions d'Angelucci, Reppi et Mathéis, et destitua Visconti et Panazzi avec injonction à ces derniers de ne pas sortir de Rome, sans la permission du général commandant les troupes françaises.

« Une seconde loi nomma aux places vacantes par les démissions et les destitutions, les citoyens Pierelli, Calisti, Zaccaleoni, Brissi et Rey; à midi les nouveaux consuls furent installés... une troisième loi nomma Angelucci, Reppi, Mathéis à trois places vacantes dans le sénat.

« Dans l'après midi les trois lois furent affichées avec une proclamation au nom du général.

« *Alors les Romains sortirent comme d'un long assoupissement*, les patriotes et la masse du peuple témoignèrent également leur joie ; les consuls démissionnés sont très satisfaits; les deux destitués commencent à s'humilier en demandant la permission de sortir de Rome, permission qui ne leur sera accordée que lorsque nous aurons vérifié certains faits, et qu'ils ne seront plus en état de nuire, et l'un d'eux surtout d'appuyer le parti napolitain [2]. »

On nomme aussi deux nouveaux ministres et quelques hauts fonctionnaires. En outre on prépare à Rome une grande fête pour

traordinaire dépréciation des cédules puis attaque les Consuls : d'après lui l'un d'eux était un antiquaire si expert que les médailles du palais Bracciano allaient, par une sympathie irrésistible, s'attacher si fortement à ses mains qu'elles ne pouvaient plus s'en détacher. Il l'accuse en outre, ainsi que plusieurs autres, de s'enrichir en spéculant sur les cédules, et d'acheter des biens avec un énorme bénéfice. Tous sont représentés sous des traits odieux. Les Commissaires supprimèrent aussitôt ce supplément en déclarant que la liberté de la presse ne doit pas dégénérer en licence, et qu'il sera fait incessamment une loi contre ses abus.

[1] Le 1er jour complémentaire ; une très courte proclamation de Macdonald annonçait aux Romains de nouveaux Consuls : « Un changement vient de s'opérer dans votre Consulat, le bien public l'a dicté ; » qu'ils soutiennent le nouveau gouvernement, et leur république sera au rang qu'elle mérite !

[2] Archives nationales A F 3, 78.

le 1er vendémiaire afin de célébrer la fondation de la république française.

« Des Français joueront sur un des théâtres de la ville *la Mort de César* de Voltaire : la même statue de Pompée au pied de laquelle l'ancien tyran de Rome fut immolé, sera sur le théâtre. Le rapprochement est peut-être unique dans l'histoire. Une petite pièce dont le sujet est *la conquête de l'Égypte* suivra *la Mort de César*. »

Ce coup d'état s'est fait sans aucune violence, « sans qu'une seule baïonnette ait paru. » On va maintenant épurer les bureaux des ministères et les administrations.

« Mais citoyens Directeurs, il est une impulsion qui n'est pas en notre pouvoir, elle dépend entièrement de vous. *On doute encore à Rome même si la république romaine doit exister longtemps.* On suppose que le but de la France est *d'épuiser ce pays, et de le céder, de le vendre, ou l'échanger, comme cela est arrivé pour Venise* : on amalgame cette idée qui a jeté de profondes racines avec les préparatifs extraordinaires de la cour de Naples, avec le séjour du Pape en Toscane, avec l'ordre encore subsistant du général Brune, *d'évacuer à la première hostilité le territoire romain* et de jeter seulement trois mille hommes dans le château Saint-Ange. »

Il y avait du vrai dans tous ces bruits [1]; mais on déclare ne savoir absolument rien, si ce n'est que Reinhard a engagé le grand duc de Toscane à reconnaître la république romaine « et à déporter Pie VI [2]. »

Le roi de Naples, soutenu par les Anglais, veut la guerre ; l'évacuation de Rome entraînerait une insurrection générale. Le château Saint-Ange ne contient que quinze cents hommes; il ne soutiendrait pas une attaque vigoureuse des Napolitains, qui viendraient ensuite nous inquiéter jusqu'aux frontières de la Cisalpine. Il faudrait au contraire envoyer douze ou quinze mille hommes de renforts et marcher hardiment sur Naples.

[1] Avant d'occuper Rome, le Directoire, pour s'asservir le roi de Naples, lui avait offert des lambeaux du territoire pontifical. Il est fort possible que, renonçant à soutenir la république romaine, il lui ait depuis renouvelé son offre, et même proposé de lui livrer Rome nue et dépouillée, comme il avait livré Venise à l'Autriche.

[2] Quelques jours après Reinhard leur écrivait que le ministre Corsini venait encore de se montrer très éloigné de cette reconnaissance, et paraissait d'ailleurs persuadé que le Directoire n'y tenait pas.

Mais si le Directoire autorise cette expédition, il est indispensable qu'une partie de la commission suive l'armée pour assurer les fruits de la victoire : grâce à cette précaution, « ces sommes, destinées au trésor de la république, *ne passeront pas dans les griffes des vautours cupides* qui jusqu'à présent ont terni nos victoires et déshonoré le nom français. »

Ce sera probablement le dernier pillage des armées du Directoire en Italie ; il faut qu'on on profite ! Macdonald, suivant eux, devrait commander cette expédition.

Puis ils reviennent à la question financière, et invitent le Directoire à écouter les explications de Florent : « Nous sommes enlacés, citoyens Directeurs, dans des filets qui partent des bureaux de Paris. *On y a semé l'or à pleines mains pour consolider le système de rapines et de dilapidations* qui fait le base de toutes les entreprises et de toutes les administrations des armées d'Italie. »

Malheureusement ces plaintes n'étaient guère exagérées.

Les nouveaux Consuls écrivirent le 3 vendémaire an VII au Directoire français, pour lui annoncer leur installation et protester de leur zèle pour la liberté et pour la France. Leur ferme intention est de *fermare il corso delle dilapidazioni, castigare i dilapidatori*[1].

Devant la ruine du pays, devant les caisses vides des deux républiques, on ne parlait que de faire la guerre aux fripons, *aux vautours ;* mais le mal était trop enraciné, le personnel révolutionnaire trop gangrené. D'ailleurs, on n'avait que des ressources minimes pour faire face à des dépenses énormes et très pressées. Il fallait donc de toute nécessité recourir à certains spéculateurs, et les dilapidations de continuer ! Le 3 frimaire, Mangourit, secrétaire de légation, personnage fort peu puritain, écrivait, en parlant de ces spéculateurs, que la probité indignée attendait l'expulsion de « la honte et l'ordure de notre nation. »

La république romaine restait encore redevable à la France, d'après la convention secrète, de deux millions de piastres, soit dix millions de francs et plus. Elle offrait de lui déléguer six cent mille piastres sur l'emprunt imposé aux riches le 28 messidor ; mais cet emprunt était très malaisé à recouvrer. La vente des biens nationaux ne produisait presque rien. Les Romains,

[1] Archives nationales, A F 3, 78.

prévoyant un changement politique, n'en achetaient pas ; les étrangers non plus, « par crainte d'être atteints par les contributions ou emprunts extraordinaires [1], s'ils *se montrent possesseurs de capitaux.* » Évidemment on tourne dans un cercle vicieux. Quand bien même on pourrait espérer vendre plus tard des biens nationaux, on n'en serait pas moins sans ressources pour le moment. Les Commissaires démontrent parfaitement qu'on est déjà en déficit, et que ce déficit s'accroîtra rapidement.

La prise de Malte, sur qui le gouvernement des Deux Siciles revendiquait un ancien droit de suzeraineté, avait inspiré à Naples de vives alarmes. Quand bien même le roi eût désiré ardemment la continuation de la paix avec la France, il aurait été fatalement entraîné à lui faire la guerre; car les Anglais, décidés à en finir avec la flotte française, avaient pris le parti de traiter la neutralité du royaume de Naples, à peu près comme le Directoire traitait celle des autres petits états d'Italie. Le roi de Naples ne pouvait pas ne pas regarder les Anglais comme des libérateurs, car la prise de Malte et le succès de l'expédition d'Égypte devaient lui enlever sa dernière chance de salut. Sans doute, malgré le secours des Anglais, il pouvait être envahi du côté de la république romaine, et forcé d'évacuer Naples, mais il avait la Sicile pour refuge, avec la possibilité d'en sortir au moment favorable et de reconquérir le royaume de Naples, si les Français étaient battus dans la Haute Italie. Mais si les Anglais n'étaient plus maîtres de la mer, il perdait et Naples et la Sicile ! Les Français criaient bien haut qu'il avait violé la neutralité, et que si Nelson n'avait pas pris à Syracuse des vivres et des munitions, leur flotte n'aurait pas été détruite à Aboukir. Le roi répondait qu'il n'était pas assez fort pour empêcher les Anglais de faire ce qu'ils voulaient : c'était du reste parfaitement exact ; et les Anglais auraient certainement pris de force ce qui leur aurait été refusé ; le roi de Naples eût fait un acte du plus extravagant don quichottisme en s'exposant à subir un dommage très grave, pour garder une scrupuleuse neutralité en faveur d'un gouvernement qui entretenait soigneusement la révolution chez lui, composait tout doucement une armée destinée à l'envahir,

[1] Rapport de Florent au Directoire. Archives nationales, *ibid.*

et comptait le pillage de Naples parmi ses prochaines ressources financières.

Le second jour complémentaire de l'an VI, les Commissaires de Rome s'étaient plaint vivement au marquis del Gallo, ministre de Naples, de l'accueil qui avait été fait par son gouvernement aux flottes anglaise et portugaise, et d'une prétendue violation du territoire de la république romaine. Depuis, Nelson s'était ravitaillé à Naples. Le 16 vendémaire, ils annonçaient encore au Directoire que Nelson était à Naples avec sept vaisseaux de ligne et cinq frégates. L'empire ottoman venait de nous déclarer la guerre, et l'on était sans nouvelles de Bonaparte. Il fallait donc s'emparer bien vite du royaume de Naples : c'était suivant eux le seul moyen de secourir Bonaparte, de sauver Corfou et les îles.

La guerre paraissait imminente ; mais les Français n'étaient pas encore prêts. Le Directoire pensait que le roi de Naples n'oserait jamais prendre l'offensive ; mais il avait adopté pour système de répéter sans cesse qu'il allait envahir la république romaine, afin de préparer les esprits à l'expédition fructueuse que lui-même comptait faire sur Naples.

Le 6 brumaire, le nouveau Consulat romain envoie aux Commissaires un message sur la situation : il s'attend à voir le roi des Deux Siciles envahir la république. *Nos corps serviront de rempart à la liberté romaine ; nous serons dignes de nos aïeux.* En attendant, le pays se ruine ; mais « comment concevra-t-on l'espoir d'un crédit solide, tant qu'on verra partout un pillage scandaleux, des dilapidations qui effraieraient même des brigands vulgaires, tant qu'on n'aura pas arraché le maniement des deniers publics et des fournitures *à ce tas de déprédateurs qui ne connaissent la république que par les trésors qu'ils lui enlèvent* [1] ? »

Viennent ensuite de longues et fastidieuses déclamations contre l'aristocratie et la théocratie, et en l'honneur de l'esprit révolutionnaire. Que la république parle, et les héros surgiront en masse, l'argent apparaîtra en quantité, et mille autres sottises pareilles !

[1] Archives nat., A F 3, 78.— Ces cinq Romains ont admirablement employé dans cette pièce le style clubiste de Paris : on croit lire les déclamations prétendues romaines des Brutus et des Publicola du faubourg Antoine !

Les Commissaires sont alors assez contents des nouveaux consuls : ils les déclarent patriotes et dévoués au Directoire. Il est vrai qu'ils n'ont ni expérience, ni habitude des affaires ; mais, vu les circonstances, on ne pouvait guère trouver mieux. A ce point de vue leur coup d'état a réussi ; mais ils le trouvent incomplet, car ils auraient voulu épurer aussi les deux conseils. Ils l'avaient proposé au Directoire, qui ne leur avait rien répondu à ce sujet ; mais ils reviennent à la charge, en prétendant (lettre du 19 brumaire) que cette épuration s'impose, et ils demandent l'autorisation d'y procéder. Il en était de même dans toutes les républiques fabriquées par le Directoire. Un coup d'état en appelait un autre.

Championnet arriva à Rome vers la fin de brumaire pour prendre le commandement. Tout le monde s'attendait à l'invasion du royaume de Naples. Le Consulat se mit à organiser une armée à lui, et décréta la levée de deux régiments de cavalerie et de huit d'infanterie. Mangourit (lettre du 3 frimaire) prétend qu'on vendait aux amateurs les commissions d'officiers dans cette nouvelle armée.

A Naples, les esprits étaient très exaltés contre les Français. Le nouvel ambassadeur, Lacombe Saint-Michel, fit parvenir au Directoire, par l'entremise d'un particulier, une lettre datée du 8 brumaire, par laquelle il lui annonçait qu'il était presque prisonnier, et que depuis sept jours on lui avait refusé un passe-port pour un courrier. Le Gouvernement napolitain, à l'entendre, désire le voir partir volontairement, mais il veut attendre les ordres du Directoire. Il croit la conquête de Naples assez facile ; « mais il faudra une force surnaturelle pour se préserver des *vautours* qui sont prêts à dévorer une nouvelle conquête [1]. »

Ainsi, tout le monde, dans le camp révolutionnaire, a prévu

[1] Les Fructidoriens firent dans la république Batave deux coups d'état, l'un le 3 pluviose an VI, l'autre le 24 prairial suivant. Ils en firent également un contre la république Helvétique le 28 prairial an VI. — Dans la Cisalpine le 13 fructidor an VI, leur agent Trouvé fit aussi un coup d'état; quelques semaines après, le général en chef Brune en fit un autre de sa propre autorité : peu après le commissaire du Directoire Rivaud le défit en grande partie.— Le Directoire fit faire aussi, dans la république Ligurienne, un coup d'état le 17 fructidor an VI : et tous ces petits fructidor étaient faits contre des prétendus gouvernants qui avaient été triés sur le volet !

que la conquête de Naples aurait pour conséquence nécessaire un pillage audacieux, dont la honte rejaillirait sur l'armée et sur la nation ! Et ces sinistres prévisions ne furent que trop bien justifiées.

Cette expédition, qui devait entraîner de si graves conséquences, était regardée comme indispensable à la république romaine, et surtout à nos finances, bien qu'on s'attendît à en voir le produit très diminué par des dilapidations. On avait beaucoup de peine à payer la solde, et toutes les ressources devaient être épuisées dans trois ou quatre mois, si l'on ne trouvait pas d'argent grâce à cette conquête. Naples était la ressource suprême : tout le monde criait à l'envi que les dilapidateurs n'auraient pas beau jeu ; et ces derniers, trop bien organisés pour s'en inquiéter, le criaient comme les autres, et plus fort peut-être.

Les Commissaires préparaient activement l'expédition. Le 25 brumaire, le Consulat leur annonçait qu'il attendait trente mille Français, et qu'il allait donc, avec la garnison actuelle, être obligé d'entretenir quarante mille hommes ; et, pour y arriver, il demandait qu'on mît à sa disposition cinq millions de biens nationaux qu'on avait gardés en réserve pour une compagnie qui se serait chargée des approvisionnements. Il établissait en même temps le compte de ses obligations ; mais les Commissaires soutenaient qu'on devait à la France une somme encore plus forte.

Le roi de Naples, comptant à tort sur l'Autriche, qui n'était pas encore prête, résolut de ne pas attendre que les Français eussent organisé leur armée d'invasion, et d'attaquer hardiment. C'était un parti extrêmement téméraire, mais beaucoup moins insensé qu'il ne le paraît au premier abord. Sans doute il allait être bruyamment accusé d'avoir violé les traités, par ceux-là même qui se préparaient ouvertement à les violer contre lui. Quand bien même il eût laissé Championnet prendre à son aise toutes ses dispositions, et l'envahir le premier, le Directoire, pour colorer son agression, ne l'eût pas moins accusé de mauvaise foi et de violation des traités. Il avait ainsi procédé contre la république de Venise, et il allait quelques jours plus tard traiter de même le malheureux roi de Sardaigne, qui s'était toujours effacé devant lui : mais les cinq rois de Paris voulaient enlever le petit trésor de Turin et écraser le

Piémont de contributions ! Si l'armée napolitaine avait été bien conduite, elle aurait pu envelopper complètement la petite armée française et conquérir bien vite l'État romain. Elle obtint seulement, grâce à une attaque soudaine, un succès momentané, qui remplit de rage le Directoire, ainsi que tous les révolutionnaires français et italiens.

L'armée napolitaine, commandée par Mack, et forte au moins de quarante mille hommes, envahit tout à coup la république romaine. A chaque poste français elle envoyait un parlementaire qui sommait le commandant de se rendre, en lui déclarant que les Napolitains ne faisaient pas la guerre à la France, mais aux Romains qui s'étaient insurgés contre leur véritable souverain, et que la résistance des Français serait prise pour une déclaration de guerre. Les postes des frontières se replièrent aussitôt sur Tivoli, Albano et Frascati [1].

Ferdinand IV déclara immédiatement, dans une proclamation, qu'il avait toujours cherché à vivre en paix avec la république française, mais qu'il avait avec elle « épuisé tous les autres procédés pacifiques. » Son royaume s'est trouvé menacé dans sa tranquillité et dans l'intégrité de son territoire par le renversement du pouvoir légitime dans l'État romain qui touche à ses limites, et par les outrages faits à la religion catholique, « qui ont entraîné des discordes civiles, des scènes de massacre et des déprédations. » Tous ces événements, et en outre l'occupation de l'île de Malte, *di nostra regia pertinenza;* de continuelles menaces d'invasion confirmées par des préparatifs de guerre, par des mouvements de troupes significatifs, l'ont décidé à prendre des mesures pour éloigner de son royaume le danger qui le menace. Il entre donc avec son armée dans l'État romain, « avec la volonté stable d'y rétablir la religion catholique, d'y comprimer l'anarchie, terminer les désastres et les *déprédations*, ramener la paix, et le replacer sous le gouvernement régulier de son légitime souverain. »

C'est dans ce seul but qu'il a pris les armes ; que les habitants lui facilitent cette tâche ! Il promet de n'exercer aucune violence et invite les Romains à faire de même.

« Nous inspirons à tout le monde le désir d'oublier les insultes personnelles, et tout sentiment de vengeance pour ce qu'on a

[1] Lettre des Commissaires du 12 frimaire an 7. Arch. nat., A F 3. 78.

souffert dans la dernière révolution, et de s'abstenir de tous excès et représailles sous peine d'être frappés de notre indignation royale et traités comme contrevenants à la paix publique. »

Il invite les généraux et commandants de *toute armée étrangère* à évacuer sur le champ l'État romain, et à ne plus se mêler de son gouvernement.

Cette proclamation produisit tout de suite un grand effet sur les habitants des campagnes.

D'après les Commissaires, il n'y avait à Rome que cinq mille Français et peu d'artillerie ; quinze cents Français à Terni, et cinq à six cents Cisalpins à Tronto, pour résister à la première attaque. Mais cette petite armée avait le bonheur d'être commandée par Championnet et Macdonald. Tout le monde croyait qu'en cas d'attaque des Napolitains, il faudrait évacuer Rome pour un certain temps ; mais personne jusqu'alors ne croyait à cette attaque.

Tout à coup, sur les rapports qui venaient de lui être envoyés de la frontière, Championnet annonça aux Commissaires qu'on allait peut-être se trouver dans la nécessité d'évacuer Rome, et que dans ce cas le gouvernement romain et ses ministres devraient se retirer à Civita Castellana [1].

Dans la nuit du 5 au 6 frimaire (26 novembre), à quatre heures du matin, les Commissaires reçurent une lettre de Championnet leur annonçant que les Napolitains étaient entrés dans la ville de Rieti, et avaient fait sa garnison prisonnière. Le général Lemoine croyait qu'ils allaient se porter sur Terni.

« Voulant prévenir le cas d'être enveloppé de tous côtés, je suis décidé à la retraite ; je vous invite à en prévenir de suite les membres du gouvernement romain : qu'ils quittent de suite Rome, *que leur départ se fasse sans bruit et sans qu'on s'en aperçoive;* je désirerais que ce départ, ainsi que le vôtre, se fît avant le jour [2]. »

Aussitôt Duport et Bertolio emballent comme ils peuvent leurs hardes et leurs papiers, font prévenir les consuls, et s'empressent de déguerpir. Déjà le bruit de l'arrivée des Napolitains se répan-

[1] Archives nat., A F 3, 78.
[2] *Ibid.*

dait dans Rome. « A cinq heures du matin, disent les commissaires, nos cochers italiens nous abandonnèrent ; nous eûmes de la peine à empêcher nos chevaux d'être pillés. A six heures et demie nous sortîmes de Rome. » Ces fonctionnaires, agents de toute sorte, spéculateurs, pêcheurs en eau trouble, de toute nationalité, qui étaient venus en foule s'abattre sur Rome à la suite de l'armée française, s'enfuyaient les poches pleines, mais poursuivis par les malédictions énergiques du peuple romain. La route de Civita Castellana était couverte de voitures remplies de fuyards ; c'était une véritable débandade ! Tous ces gens là avaient de bonnes raisons de se sauver de Rome ; mais, une fois dehors, ils avaient tout lieu de craindre d'être écharpés, ou pour le moins dévalisés par les paysans qui avaient pris les armes. Le bruit courut que Terni était forcé, le pont Felice coupé ; il y eut une grande panique, et beaucoup de voitures prirent la route de Toscane par Viterbe. Mais cette ville s'était insurgée pendant la nuit ; les premières voitures furent pillées, et de nombreux fuyards retenus prisonniers. Le bruit courut d'abord que les insurgés en avaient fait un horrible massacre. Le 6 au soir, les Commissaires arrivèrent à Civita Castellana ; mais il fut décidé que le gouvernement se replierait jusqu'à Pérouse. Duport et Bertolio écrivirent de Spoleto à Championnet pour lui demander de marcher sur Viterbe et de tirer une vengeance éclatante du prétendu massacre. Honteux, humiliés de cette retraite peu glorieuse, ils ne rêvaient que sang et carnage.

« Les habitants de Viterbe et de ses environs, citoyen général, se sont insurgés contre les Français et les patriotes romains qui lors de l'évacuation de Rome, ont pris la route de la Toscane. Plusieurs ont été pillés, et *l'on dit même* [1] que quelques-uns d'entre eux ont été assassinés.

« ... Il ne faut pas douter que le vol et l'assassinat *n'aient été conseillés par cette classe qui se sépare des autres hommes, les prêtres*. De tout temps Viterbe a été le foyer de toutes les fureurs du fanatisme. Une loi existe qui *rend sous peine de vie ou de déportation, ces êtres responsables de toute insurrection*, il s'agirait de la faire *exécuter*.

« Ce n'est pas assez que de punir les prêtres, les habitants doivent

[1] *On dit*, — donc rien n'est certain ; et ils demandent un massacre de prêtres sur cet on dit !

aussi être punis de s'être laissé séduire ; nous pensons en conséquence qu'il faudrait lever une imposition militaire : cette imposition pourrait être portée jusqu'à cinq cent mille francs, dont trois cent mille réservés à indemniser les Français et les patriotes romains qui auraient été dépouillés et assassinés.

«... Quel que soit le parti que vous prendrez, faites un exemple, et *un exemple terrible* pour empêcher la propagation du mal [1]. »

Ils tenaient tant à saccager Viterbe, qu'ils accueillirent avec bonheur de fausses nouvelles, et s'empressèrent d'écrire au Directoire que Viterbe avait été châtié : *cinquante-huit prêtres ont été fusillés, le feu mis aux quatre coins de la ville.* Heureusement il n'en était rien. Les Français n'avaient pu massacrer cinquante-huit prêtres, et les commissaires avaient pris leur désir pour une réalité. On avait envoyé seulement contre Viterbe un détachement de soixante hommes sans artillerie, qui, trouvant les portes bien fermées, s'était retiré, après avoir échangé quelques coups de fusil avec les habitants : on prétendait avoir tué quatre d'entre eux. On avait commis une double maladresse en envoyant un si faible détachement contre une ville bien défendue ; car la populace irritée aurait très bien pu cette fois massacrer les fuyards, qui avaient été simplement retenus prisonniers. Aussi Reinhard, l'ambassadeur en Toscane, écrivit au général de ne rien tenter contre Viterbe, tant que les prisonniers y seraient encore, car il les ferait sûrement égorger (17 frimaire). Les paysans avaient voulu piller les voitures et tuer les fuyards, en disant qu'ils emportaient les trésors de Rome, ce qui était assez vrai pour un grand nombre d'entre eux, qui étaient qualifiés par les gouvernants « la honte et l'ordure de notre nation [1]. »

L'évêque d'Acquapendente, revêtu de ses habits pontificaux, s'était jeté au milieu des paysans furieux et avait empêché le massacre. Reinhard lui adressa une lettre de remerciement.

Néanmoins les Commissaires, arrivés à Pérouse, firent une proclamation annonçant que les Viterbais avaient fait un massacre épouvantable des Français, et que leur punition avait été terrible. Ils déclament aussi contre les Napolitains qui ont violé la paix,

[1] Dans une lettre du 19 les Commissaires avouent qu'ils ont communiqué une fausse nouvelle, et annoncent qu'ils suivront prudemment l'avis de Reinhard. Il y a, disent-ils, cent soixante Français à Viterbe : ils ont été pillés, mais pas un n'a péri. Archives nat., A F 3, 78.

et qui veulent empêcher les Romains de se choisir en liberté un gouvernement ! Cette accusation est admirable de la part de gens qui ont imposé aux Romains cette belle constitution dont l'article 369 les met à la discrétion complète de la France, et qui viennent de mettre les Consuls à la porte ! Ils adressent aux Romains qui n'apprécient pas cette sorte de liberté, les menaces les plus terroristes ; ce sont de nouveaux Collot d'Herbois ! Toute commune qui s'insurgera, ou arrêtera la circulation des denrées destinées aux armées, « sera soumise à des exécutions militaires, *et même livrée aux flammes*, suivant les circonstances [1]. »

A Rome, au moment même où les commissaires et les consuls s'enfuyaient avec la colonie des fonctionnaires et des spéculateurs, la population se soulevait. Les arbres de la liberté furent immédiatement coupés, sauf celui de la place du Peuple, où les révolutionnaires, attroupés, firent feu sur les Romains, et résistèrent quelque temps. Mais ils se réunirent aux troupes de Championnet, et sortirent de Rome avec elles vers six heures du soir. Le général, en traversant la ville, fut souvent insulté par la foule. On avait organisé un convoi de cinquante-huit chariots, mais on n'en put sauver que quinze. Les Français fugitifs prétendirent que le quartier général des juifs avait été dévasté, ainsi que l'académie de France, la maison du banquier Torlonia, et celle des frères Sicubert, fameux fournisseurs. La division Macdonald devait partir la dernière.

Le château Saint-Ange était occupé par une garnison française et par trois cents révolutionnaires. Néanmoins, après le départ de Championnet, le tocsin sonna dans les églises ; on prit les armes partout ; les attroupements devinrent bien plus nombreux et bien plus menaçants, et les communications avec le château Saint-Ange furent interrompues : des ordonnances, porteurs d'ordres, périrent victimes de la fureur des Romains ; on échangea çà et là des coups de fusil et des coups de sabre dans les rues ; mais il n'y eut pas d'engagement sérieux. Le 7 frimaire, à trois heures, la division Macdonald quitta Rome et marcha tout d'une traite jusqu'à Monte-Rossi ; le lendemain elle arrivait à Civita-Castellana.

La marche du roi de Naples de la frontière à Rome fut pres-

[1] Archives nat., A F 3, 78.

que triomphale. Le roi arriva le 27 novembre, et ordonna aussitôt aux membres de l'ancienne administration de reprendre provisoirement leurs charges.

Les Commissaires et les Consuls s'établirent à Pérouse, comme ils purent. Ils avaient toujours pensé que le roi de Naples, médusé par la présence des Français à Rome, resterait chez lui tout tremblant de peur, et attendrait ainsi ses envahisseurs, qui n'en auraient pas moins pris prétexte de sa conduite à l'égard des Anglais pour crier bien haut qu'il avait violé les traités et déclaré la guerre. Mais ils avaient été toujours bien loin de s'attendre à cette véritable colère de mouton enragé, qui les contraignait à s'enfuir piteusement, et fournissait aux habitants de Rome et de la campagne une occasion éclatante de montrer leur antipathie pour le gouvernement qu'ils leur avaient imposé. Bien que cette évacuation, suivant toute apparence, ne dût être que temporaire, elle nuisait singulièrement au prestige de la république française. Aussi les gouvernants français étaient-ils décidés à terroriser, à noyer l'insurrection dans des flots de sang ! Et les civils étaient encore plus acharnés que les généraux. En vrais proconsuls de la terreur, ils réclamaient d'eux des actes de barbarie.

L'armée napolitaine était composée en grande partie de nouvelles recrues, et maladroitement éparpillée. Les Français étaient peu nombreux, mais très aguerris et dirigés par des généraux capables et hardis. Le 8 frimaire, les Napolitains éprouvèrent un premier échec à Terni. Le 14, ils furent complètement défaits à Rignano. Mack battit en retraite, et subit encore le 19 une nouvelle défaite à Ottricoli. D'ailleurs des renforts arrivaient à l'armée française. Les Napolitains étaient soutenus partout par les paysans. Les Français criaient, avec rage, que ces malheureux étaient abusés par les Napolitains et par les prêtres: mais, malgré leurs déclamations frénétiques, ils ne pouvaient plus se dissimuler à eux-mêmes que c'était une guerre véritablement nationale, et qu'ils avaient dû seulement à une surprise leur conquête facile de Rome et de l'État pontifical. Aussi, dans leur rage d'avoir été contraints tout d'abord à battre en retraite, ils font aux Romains les plus effrayantes menaces, et leur promettent la guerre la plus barbare, telle que la républiqne l'avait faite aux Lyonnais et aux Vendéens.

« ... Peuple romain, écoute, et frémis d'indignation ! Les Napolitains, prenant le change sur une manœuvre militaire, ont fait soulever les habitants de Nepi, leur promettant des secours. Aujourd'hui l'avant-garde de l'armée devant y rentrer, a éprouvé une résistance d'autant plus opiniâtre qu'ils attendaient l'effet des promesses des Napolitains. Les lâches ! ils les ont livrés à toute la fureur des troupes ivres de venger le sang de leurs frères qui a coulé.

« *Presque tous les habitants ont péri par le fer, la ville pillée et saccagée*, et la moitié livrée aux *flammes*.

« Peuple romain, que cet exemple terrible vous ouvre les yeux ! Voyez vos femmes et vos enfants éplorés, l'un redemandant un fils, son père, l'autre un mari, seul et unique soutien d'une nombreuse famille ! Voyez leur désespoir, entendez leurs gémissements : *ils vous accusent de leurs malheurs, ils accusent les prêtres* [1] *!* »

On défend contre des étrangers son gouvernement et sa religion ; ces étrangers vous tuent pour vous prouver que leur domination est bien préférable ; vous n'êtes pas leur victime, mais celle de ce pouvoir renversé par la violence, et de cette religion que vous avez voulu défendre ! Les révolutionnaires et leurs apologistes ont toujours fait ce beau raisonnement avec un aplomb merveilleux ! Cette proclamation montre avec une cynique franchise comment cette guerre était conduite. On égorge ces malheureux, on brûle leurs villages, pour leur imposer une caricature de république romaine calquée sur la république directoriale de Paris ; on les égorge comme on a égorgé les Suisses, également coupables de ne pas se laisser opprimer et spolier par un Directoire helvétique et un Rapinat ! Cette proclamation est signée par Macdonald ; mais tout nous porte à croire qu'elle a été rédigée par les Commissaires. Elle est suivie d'un arrêté déclarant : 1° Tous les habitants d'une commune sont collectivement responsables de l'usage qu'ils feront de leurs armes. 2° Si un coup de feu est tiré sur un Français, s'il est attaqué avec toute autre espèce d'arme, la commune sera pillée et livrée aux flammes. 3° Tout habitant pris les armes à la main sera sur le champ fusillé. 4° Tous les prêtres sont collectivement respon-

[1] Archives nat., A F 3, 78. — De même, les juges révolutionnaires, après avoir condamné à mort le prêtre et ses *recéleurs* d'après la loi du 22 germinal an II, insultaient le prêtre du haut de leur siège, et le proclamaient le meurtrier des recéleurs, qu'ils envoyaient avec lui avec l'échafaud !

sables des attroupements : ils seront fusillés sans jugement. Toutes les communes révoltées *ou autres* enverront sur le champ deux députés au quartier général pour y apporter leur soumission et servir d'otages.

Ainsi, l'on avoue que l'ennemi véritable, ce n'est pas l'armée napolitaine, mais le peuple qui se soulève contre ses oppresseurs. On excite les soldats tant que l'on peut ! On leur dit dans une autre proclamation : « Soldats, encore un roi parjure à détrôner ! » on leur annonce qu'on va les mener à Naples, dans cette ville qu'ils convoitent depuis longtemps comme une proie magnifique. On leur dit pour la forme de respecter les habitants et les propriétés de la république, mais avec ce correctif : « Je ménage votre juste colère contre les communes rebelles. » Et l'on sait comme ils les traitent ! La guerre continuera avec ce caractère atroce lorsque le royaume de Naples sera envahi.

Au moment de l'invasion napolitaine, les Commissaires, trouvant leur coup d'état incomplet, voulaient épurer les Conseils. C'était leur idée fixe : ils y reviennent pendant leur retraite forcée à Pérouse ; ils trouvent même qu'au milieu de cette bagarre, l'opération pourra être faite plus aisément. Ils avaient invité les sénateurs et les tribuns à venir s'installer à Pérouse pour y établir provisoirement le gouvernement romain. Sept sénateurs et vingt-trois tribuns seulement les suivirent, et les Conseils, ne se trouvant pas en nombre, ne purent délibérer. Les Commissaires dénoncèrent avec indignation au Directoire cette désertion de la majorité des deux Conseils. Ceux qui manquent à Pérouse sont rentrés lâchement à Rome : il faut les chasser ignominieusement des Conseils, et en outre punir ceux qui ont connivé avec les Napolitains. Ils vont profiter de l'occasion pour nommer aux places vacantes dans les Conseils.

Mais leur rôle était fini : le 8 frimaire, le Directoire avait adopté un autre système, et déclaré que la Commission cesserait ses fonctions dès que son arrêté lui serait parvenu. Bertolio était nommé ambassadeur auprès de la république romaine, avec cinquante mille francs de traitement. Florent, qui se trouvait à Paris, était simplement nommé secrétaire de la légation, avec six mille francs par an. Bertolio, sous le titre d'ambassadeur, devait être un proconsul français, et exercer seul tous les pouvoirs de l'ancienne Commission.

Après leur défaite d'Ottricoli, les Napolitains durent battre en retraite et évacuer Rome, où les Français rentrèrent après dix-sept jours. Bientôt le territoire napolitain fut envahi. M. Thiers dit (tome X, p. 113) qu'alors Championnet « conçut le projet audacieux de conquérir le royaume de Naples avec sa faible armée. » On dirait vraiment que cette idée lui vint tout à coup !

Nous avons déjà établi que, depuis longtemps, le Directoire désirait s'emparer de Naples et de ses richesses, et relever ainsi les finances de l'armée d'Italie ; Championnet n'avait été envoyé à Rome que pour faire cette expédition. Sans doute son armée était faible, mais elle était entraînée par ses récentes victoires, et l'armée napolitaine était en pleine déroute. Il fallait profiter de l'occasion ; le Directoire ne pouvait envoyer que des renforts peu importants ; si Championnet les avait attendus, les Napolitains auraient eu le temps de se réorganiser, et peut-être l'Autriche se serait-elle déclarée.

Du reste le Directoire était décidé à en finir avec tous les états de l'Italie qu'il n'avait pas encore érigés en républiques esclaves. Le roi de Sardaigne s'était complètement aplati devant lui ; nos troupes occupaient ses principales places fortes : elles restaient obstinément dans la citadelle de Turin, quoique le terme de son occupation, fixé par une convention formelle, fût bien dépassé. Pour le récompenser de sa soumission profonde, le Directoire laissait les bandes armées des républiques Cisalpine et Ligurienne envahir le Piémont et exciter ses habitants à la révolte. Dès que l'agression du roi de Naples lui fut connue, le Directoire résolut d'en finir avec ce vassal si docile, de piller ses caisses et ses palais et d'établir à Turin une nouvelle république. Tout à coup l'armée française sortit de la Cisalpine et parut devant Turin [1]. Le roi fut contraint d'abdiquer le 19 frimaire. On lui permit généreusement de se retirer dans l'île de Sardaigne, qu'il était impossible de lui prendre, car les Anglais tenaient la mer. Le 20, un gouvernement provisoire fut établi, et l'on se mit à

[1] Tout à coup l'ambassadeur français Eymar s'enferma dans la citadelle de Turin, occupée par les troupes françaises, et le commandant fit des préparatifs pour bombarder la ville. Le Gouvernement et les Turinois n'y comprenant absolument rien, demandaient ce que tout cela signifiait, et l'ambassadeur et le commandant refusaient de donner aucune explication. Deux ou trois jours se passèrent ainsi. Pendant ce temps l'armée française, commandée par Joubert, marchait sur Turin.

piller Turin, comme on avait pillé Rome l'année précédente, comme on allait bientôt piller Naples [1].

Le territoire napolitain fut envahi ; sa capitale menacée : le peuple de Naples, plein de fureur contre les étrangers, se souleva et refusa d'obéir à des autorités qu'il accusait d'ineptie et de trahison. La cour en fut très effrayée et prit le parti de se retirer provisoirement en Sicile. Le 11 nivose (31 décembre 1798), le roi s'embarqua, emportant avec lui le trésor public, qui contenait, dit-on, vingt millions, avec les trésors et les meubles les plus précieux des palais de Naples et de Caserte, ce qui lui valut un redoublement d'injures de la part des envahisseurs qui avaient compté sur ces millions [2] ! Le prince Pignatelli fut laissé à Naples pour représenter le roi. Championnet, en entrant dans le royaume de Naples, avait commis la même faute que Mack: il avait divisé son armée en plusieurs colonnes, et les paysans soulevés lui faisaient une guerre très dangereuse. Arrivé devant Capoue avec sa colonne, il tenta une attaque et fut repoussé. Sa situation était mauvaise. Mack lui fit des propositions, qu'il rejeta d'abord ; puis les deux généraux conclurent un armistice, le 22 nivose (11 janvier 1799), qui accordait à l'armée française Capoue, une portion importante du royaume et une contribution de dix millions. Faipoult, qui avait été nommé commissaire civil près l'armée de Rome avec mission de bien tondre les Napolitains, écrivit au Président du Directoire que cet armistice était extrêmement avantageux à tous les points de vue. D'abord

[1] Beaucoup d'objets précieux furent immédiatement volés dans les palais du roi : les officiers s'emparèrent des chevaux de ses écuries. Comme la République romaine, le Piémont dut reconnaître le bonheur dont le Directoire le gratifiait, par des impôts, et des charges de toute espèce. Le Directoire traita le roi de Sardaigne comme il aurait traité le roi de Naples, si celui-ci ne l'eût prévenu par un coup de désespoir : bien que le roi de Sardaigne soit resté dans l'inaction la plus complète, le Directoire l'accuse de complicité avec le roi de Naples, et lance contre lui les accusations les plus fantastiques : « un monstre, le frère du roi, l'héritier de sa couronne, le duc d'Aoste, *comme un autre Vieux de la Montagne*, n'a cessé d'avoir à ses ordres et à ses gages une bande de sicaires, à qui il ordonnait l'assassinat de tel ou tel Français, et ses ordres n'ont été que trop fidèlement exécutés ! » C'est du Fouquier-Tinville tout pur !

[2] M. Thiers (t. X, p. 115), en déclamant contre cette cour « lâche et criminelle, » s'est fait l'écho des plaintes amères de ses amis les révolutionnaires du Directoire, contre cette cour assez lâche et criminelle pour amoindrir ainsi leur butin.

« les dix millions que l'ennemi va payer vont servir à remettre à jour la solde arriérée de trois mois et deux décades ; » les renforts auront le temps d'arriver, etc. Mais voici le plus beau : « Vous remarquerez d'ailleurs, citoyen Président, que l'armistice contient des conditions *que l'ennemi ne pourra pas observer*, ou qu'il violera lui-même avec complaisance : telle est celle par exemple qui concerne la neutralité des ports. »

Il était certain que la flotte anglaise ne reconnaîtrait pas un armistice conclu en dehors de son Gouvernement ; on ne pouvait non plus le faire observer strictement par les paysans. Faipoult le constate, et il en est enchanté ; on pourra ainsi se faire donner des millions et crier ensuite à la trahison.

« Point de doute que de tels actes ne nous donnent de véritables raisons de reprendre les armes, *du moment que l'armée aura reçu des renforts.* » Tant qu'ils seront en route, on s'abstiendra de toute réclamation. Dès qu'ils seront arrivés, qu'il y ait lieu ou non, on criera à la trahison et on marchera en avant ! La force prime le droit, c'est un principe de la révolution ; si cette formule n'a pas été proclamée par ses suppôts, c'est qu'elle est trop carrée pour l'hypocrisie révolutionnaire !

En outre, continue Faipoult, nos avant-postes sont à Acerra, à moins de trois lieues de Naples : le parti révolutionnaire va se remuer. « Si son influence, jointe au mécontentement général, y causait un mouvement contre le gouvernement, et que le peuple de Naples *voulût un changement et appelât l'armée, vous pensez sans doute que le général pourrait profiter de cette circonstance pour mettre des troupes dans Naples* [1]. »

C'est encore une ressource ! Faipoult regarde si bien cet armistice comme un moyen de gagner du temps et d'entrer à Naples par surprise, qu'il demande au Directoire de lui désigner des artistes chargés de choisir les objets d'art qu'il faudra expédier de Naples à Paris.

L'armée de Championnet, bien que sa situation fût encore assez difficile, se livrait à l'indiscipline la plus complète, et commettait les plus odieux excès. Les paysans exaspérés s'en vengeaient par d'horribles représailles. Les troupes à leur tour fusillaient les Napolitains en masse, et incendiaient les villages;

[1] Archives nationales, A F 3, 78. Lettre du 23 nivôse an VII.

mais ces actes de rigueur extrême, loin de les terroriser, ne servaient qu'à les exaspérer encore plus [1].

Quand le peuple de Naples connut ce malencontreux armistice, il cria plus fort que jamais à la trahison et s'opposa par violence à son exécution. La ville se trouva livrée aux lazzaroni. L'armée affolée avait aussi crié à la trahison, et Mack fut réduit à demander asile aux Français contre ses propres soldats. Championnet se rapprocha de Naples : les lazzaroni se battirent assez courageusement, mais leurs fureurs épouvantèrent une partie des habitants, qui en vinrent à désirer autant que les révolutionnaires l'arrivée de l'armée française. Le 4 pluviose (23 janvier 1799), Naples fut attaquée ; les lazzaroni se défendirent bravement, et la petite armée de Championnet n'aurait pas réussi à occuper la ville, si les bourgeois, pour se débarrasser de la domination des lazzaroni, ne lui avaient facilité la prise du château Saint-Elme et de plusieurs postes.

Alors Championnet institua une république nouvelle, un gouvernement provisoire de vingt-cinq membres, et bien des gens se mirent à piller, les uns pour le Directoire, les autres pour leur propre compte. La place nous manque pour faire l'histoire de cette très éphémère république : nous sommes seulement obligé de constater, avec un amer regret, que les scènes honteuses de Rome se reproduisirent immédiatement à Naples, comme Faipoult et tant d'autres l'avaient prévu. La licence des soldats fut sans bornes : on vit beaucoup de généraux, d'administrateurs, d'officiers piller ouvertement.

Championnet frappa tout de suite la nouvelle république d'une contribution de *soixante millions !* Faipoult avait imaginé un plan de spoliation beaucoup plus savant, et qui ressemblait

[1] Faipoult en était très effrayé, surtout pour l'avenir. Il écrit de Caserte à la Réveillère (25 nivôse) que si l'armée était entrée de suite à Naples, les excès dont certains corps « *ont pris la funeste habitude* » se seraient reproduits « dans une ville où *chacun croit voir le principe de sa fortune.* » Tous les pillards de l'armée, depuis longtemps, ne rêvaient que de Naples et du butin qu'ils y devaient faire. Faipoult ajoute : « Si je vous parlais des excès dont nos soldats se rendent coupables, ils sont portés à un point que je ne puis vous exprimer. » Il faut, pour éviter d'affreux malheurs, que Championnet fasse des exemples terribles. Les officiers et administrateurs voleurs commencent déjà leurs exploits : Faipoult réclame cinq caisses pleines d'argenterie qu'on cherche à ne pas lui délivrer. Il s'attend à en voir bien d'autres à Naples !

beaucoup à la convention secrète du 8 germinal; mais il ne put le réaliser. Championnet, enflé de sa victoire, voulut tout diriger à sa guise, et la nouvelle république et l'armée, et aussi les finances, qui regardaient le seul Faipoult : celui-ci revendiqua ses droits, mais Championnet, perdant tout à fait la tête, prit contre lui un arrêté outrageant, et l'expulsa de force. Faipoult dut revenir à Rome. Le Directoire, par un arrêté de 7 ventôse, destitua Championnet et le traduisit devant un conseil de guerre pour répondre de l'acte de rébellion qu'il avait commis en expulsant le commissaire civil. Un arrêté du même jour ordonnait des poursuites contre les dilapidateurs de Naples, et notamment contre Bassal, qui avait suivi Championnet, en laissant sa place de secrétaire des consuls à un autre apostat, Gay Vernon. Macdonald prit le commandement de l'armée de Naples. Peu après, deux généraux de division, deux généraux de brigade, un chef de bataillon, un ex-commissaire des guerres, et Bassal, étaient traduits devant un conseil de guerre établi à Milan pour connaître des vols et des dilapidations qui avaient eu lieu en Italie. Mais le coup d'état du 30 prairial mit au pouvoir les amis politiques de Championnet, qui fut alors exalté comme une victime. Tels furent les premiers résultats de l'expédition de Naples : on verra bientôt les autres !

Revenons maintenant à nos fameux Consuls romains, et à leur surveillant Bertolio [1].

A peine l'armée française était-elle rentrée à Rome que Championnet fit son pacha avec Bertolio : mais celui-ci n'était pas habitué à de semblables manières et il sut lui tenir tête. Très mauvais administrateur, Championnet se laissait dicter de malencontreux arrêtés par des intrigants. Beaucoup d'objets d'art, mis de côté par la Commission avant l'évacuation, seraient tombés dans des mains suspectes si Bertolio n'avait pas été aussi vigilant. Championnet finit par céder de fort mauvaise

[1] Les généraux français rentrés à Rome établirent une commission militaire pour juger ceux qui avaient favorisé les invasions napolitaines. Le 10 avril (21 germinal) cette commission condamnait à mort cinq accusés présents et seize contumaces dont le marquis Massimi père. Trois individus furent en outre condamnés à cinq ans de fers, un à trois ans. Il y eut très probablement d'autres condamnations, mais nous n'avons retrouvé que la mention de ce jugement. Archives, A F 3, 88.

grâce : il crut ensuite pouvoir prendre sa revanche sur Faipoult.

Le Consulat romain, pour témoigner sa reconnaissance aux soldats français qui l'avaient rétabli dans son éminente dignité, leur offrit, sans avoir consulté Bertolio, cinq millions à prendre sur les biens nationaux affectés à l'entretien des troupes. L'armée en fut très flattée ; les généraux, qui espéraient une bonne part, furent ravis, et Championnet mit immédiatement le généreux décret du Consulat à l'ordre de l'armée, sans se demander si le Directoire autoriserait la distribution de ces millions. Il était tellement exalté de ses succès que Bertolio jugea opportun de ne point protester tout de suite, mais prévint le Directoire qui refusa d'accepter cette largesse. Malheureusement elle avait été publiée, et l'armée comptait sur elle. Bertolio n'osa point annoncer officiellement le refus du Directoire, mais se contenta d'entraver par des manœuvres secrètes l'exécution de ce malencontreux décret.

Bien que l'armée française eût remporté des succès éclatants et occupé Naples, l'État romain n'était pas encore pacifié. Le général Cambrai, commandant à Ancône, était obligé d'envoyer des colonnes contre les insurgés à Terni, à Spolete, à Foligno, à Ascoli. Civita Vecchia n'avait pas encore été reprise. Les chefs militaires et l'ambassadeur demandaient des troupes. Quant à Rome, Bertolio la déclarait partagée entre deux factions, celle qui regrette l'ancien gouvernement, et celle des patriotes exclusifs qui ne veulent qu'une seule république en Italie, et supportent impatiemment la domination française. Comme cette catégorie de patriotes comptait beaucoup de partisans au tribunat et au sénat, Bertolio propose tout simplement d'épurer les conseils, et d'ajourner à un an la mise en activité de la Constitution, ainsi que la convocation des assemblées primaires [1]. Il demande encore au Directoire ses instructions pour ce nouveau coup d'état.

Du côté d'Ancône, l'insurrection ne cessait de faire des progrès. Le Directoire y avait établi une commission de commerce, composée de trois membres, Stamati, Méchin et Mangourit. Le 18 ventôse, ces agents lui écrivent qu'ils sont menacés par les Turco-russes. La garnison n'a pas deux jours de subsistances. Ils se plaignent beaucoup des dilapidations et des vexations

[1] Archives nat., A F 3, 78.

commises par les militaires et les agents français, ainsi que de la malveillance et de l'impéritie des autorités romaines : ils sont du reste avec elles en complète mésintelligence.

Bertolio était alors occupé à donner la chasse aux agents de Championnet disgracié. Le 24 ventôse il ordonnait au général commandant la garde nationale de Rome, d'arrêter et de conduire au château Saint-Ange, les frères Sicubert, banquiers, fournisseurs, entrepreneurs de transports, qui venaient d'être chargés par Championnet d'enlever de Naples les objets précieux pour le compte du gouvernement. Même ordre était donné contre plusieurs autres individus qui avaient disparu. Il écrivit aussitôt à Rivaud, commissaire près la république Cisalpine, pour qu'il les fît arrêter ainsi que Bassal. On fit des perquisitions chez les Sicubert, qui furent ensuite mis en liberté sous caution par l'ordre de Macdonald et du commissaire Bodard qui avait succédé à Faipoult. On avait appris que de nombreuses caisses, remplies d'objets d'une provenance au moins suspecte, étaient expédiées de Naples en France. Ordre fut donné aux agents français de Gênes de saisir et d'examiner tout ce qui serait envoyé de Naples. Des mesures sévères furent prises pour inspecter toutes les expéditions ; on saisit ainsi un grand nombre de caisses envoyées en France : trente-deux étaient remplies de porcelaines, de statues en biscuit, provenant de la manufacture royale de porcelaines de Naples, qui avait été complètement pillée [1].

Macdonald avait remplacé Championnet. Il lui fallait lutter à la fois contre les dilapidateurs, c'est-à-dire contre une grande partie de son armée, contre les révolutionnaires incapables et brouillons qui avaient été mis à la tête de la république de Naples, et contre les Napolitains insurgés qui occupaient à peu près tout le royaume, sauf Naples et quelques citadelles. La guerre se faisait de la manière la plus barbare. Inutile de dire que, dans cette république composée de Naples et de sa banlieue et qui n'avait pas d'autorité trois lieues plus loin [2], la fameuse contribution de soixante millions n'eut aucun succès. Le

[1] Lettre de Faipoult, 20 ventôse. Archives, AF 3, 78. — Procès verbaux. AF 3, 73.

[2] *Ibid.*

15 germinal on n'avait recueilli que un million six cent cinquante-cinq mille francs en espèces, et Championnet avait demandé le paiement complet en un mois ! Le Commissaire civil Bodard constate que les ressources trouvées à Naples ont été gaspillées et que la nouvelle république ne peut faire vivre l'armée ; il lui faudrait quelques millions, qu'on ne trouvera pas dans le pays [1].

Ainsi le Directoire avait été complètement déçu dans ses espérances : loin de lui fournir des ressources, l'expédition de Naples l'avait encore plus obéré. Les soldats avaient remporté des succès très brillants, mais bien peu solides ; les scandales de Milan et de Rome s'étaient reproduits à Naples, et cette dernière campagne paraissait avoir encore aggravé la désorganisation morale de l'armée. Les événements allaient bientôt montrer qu'on avait commis une grande faute stratégique en occupant Rome et Naples.

La guerre fut déclarée à l'Autriche le 22 ventôse (12 mars 1799) et quelques jours après le grand duc de Toscane, pour prix de sa soumission, était accusé de complicité avec le roi de Naples, le roi de Sardaigne et l'empereur d'Autriche, et chassé de ses États par le Directoire qui s'empressa de confisquer ses biens et de lever un emprunt forcé. L'infortuné Pie VI était enlevé de la Chartreuse de Florence pour être conduit en France. Un gouvernement provisoire fut établi en Toscane. Mais Schérer, récemment nommé général en chef, fut repoussé près de Vérone, puis, quelques jours après, complètement battu par les Autrichiens à Magnano (16 germinal, 5 avril). L'armée française était tout à fait compromise, et bien que Schérer eût laissé le commandement à Moreau, elle fut encore défaite à Cassano (8 floréal, 27 avril). Il fallut battre en retraite et évacuer Milan. La république Cisalpine fut ainsi anéantie ; ses directeurs et ses

[1] Lettre de Bodard, 27 germinal an VII. Il a à cette date un million six cent mille francs d'arriéré ; plus quatre millions deux cent mille francs de dépenses extraordinaires, mais urgentes pour l'armée : il faut donc cinq millions huit cent mille francs. La dépense courante est d'environ un million quatre cent mille francs par mois, dont neuf cent mille pour la solde. Il a pour toutes ces dépenses un million six cent cinquante-cinq mille francs de la contribution, plus quatre cent mille ramassés çà et là, et ne prévoit guère de rentrées. La république de Naples ne fournit à peu près rien. Archives nat., A F 3, 73.

fonctionnaires les plus compromis avec l'Autriche suivirent l'armée française à Turin. Ce fut une débandade complète ! Mais bientôt il fallut évacuer toute l'Italie du Nord; alors les directeurs et fonctionnaires cisalpins s'enfuirent en Savoie avec les membres du nouveau gouvernement piémontais.

Après la défaite de Cassano, on reconnut trop tard que Bonaparte et Carnot avaient eu raison de ne vouloir occuper ni Rome ni Naples. Il fallait alors que l'armée française se développât depuis le Zuyderzée jusqu'au détroit de Messine ! Macdonald dut quitter le royaume de Naples avec presque toutes ses troupes. Le Directoire, pour ne pas avoir l'air d'abandonner une conquête si récente et que l'on avait tant célébrée, lui avait enjoint de laisser des garnisons au fort Saint-Elme, à Capoue et à Gaëte. On fit de même à Rome ; on y laissa quelques troupes, et Macdonald marcha vers le Nord pour rallier la division qui occupait la Toscane. Il aurait bien mieux valu, avec une armée aussi peu nombreuse, évacuer complètement le midi de l'Italie et l'État romain, car il était indispensable que l'armée de Macdonald fît sa jonction avec celle du nord de l'Italie, commandée par Moreau. Mais Macdonald ne put arriver à temps ; malgré son habileté, malgré la valeur de ses soldats, il fut battu à la Trebbia par Souwarow et Mélas, le 29 prairial (17 juin 1799). Les Français étaient complètement défaits en Italie, et les républiques fabriquées par le Directoire s'effondraient l'une après l'autre.

Bertolio était resté à Rome avec une faible garnison française et les Consuls. Toute la campagne était en armes. Après la défaite de Macdonald, ils se trouvèrent privés de toutes communications avec la France, réussissant de loin en loin à envoyer de leurs nouvelles, mais n'en recevant jamais du Directoire ni des armées ; car les ennemis occupaient le nord de l'Italie, et leurs flottes tenaient la mer.

Les garnisons françaises laissées au fort Saint-Elme et au château de l'Oeuf durent capituler au bout d'un certain temps ; Naples fut réoccupée par les troupes royales, et la république de Championnet anéantie. Bientôt les Napolitains recommencèrent à menacer Rome.

Que se passait-il dans la ville éternelle pendant cette espèce de blocus ? Nous avons là dessus quelques renseignements incomplets par de courtes dépêches que Bertolio réussit à envoyer en France, grâce à un petit bâtiment qui fit relâche à Civita

Vecchia et parvint à échapper aux vaisseaux ennemis. A la nouvelle de la reprise de Naples les révolutionnaires romains, bien que la destruction de leur république fût imminente, éprouvèrent à leur tour le besoin de faire un petit coup d'état. Les conseils destituèrent le Consulat (à l'imitation du 30 prairial) et le Corps législatif, prenant tous les pouvoirs pour lui, créa trois commissions de gouvernement. Mais Bertolio refusa de sanctionner ces usurpations : il se vante même d'avoir reçu à ce sujet des menaces d'assassinat et d'empoisonnement ! Le général Garnier, qui commandait à Rome, bien que vivement sollicité par ces révolutionnaires remuants, refusa aussi de sanctionner leur coup d'état. Deux membres du Consulat avaient donné leur démission ; les autres avaient répondu par un message au Corps législatif. Bertolio réunit chez lui les principaux meneurs des Conseils, avec les Consuls, et le résultat de cette conférence fut une sorte de coup d'état en sens contraire du premier, car, provisoirement, le pouvoir législatif se trouva remis en fait aux Consuls, et les Conseils furent suspendus. Bertolio prétend que les auteurs de cette agitation étaient des agents de ce parti exalté qui voulait l'indépendance absolue de l'Italie, et cherchait à se débarrasser des Français : d'après lui (dépêche du 28 messidor) les peureux et les fanatiques s'étaient coalisés avec eux, pour capituler devant l'ennemi en sacrifiant les Français.

Rome fut mise en état de siège ; mais Bertolio crut opportun de tempérer ce qu'il appelait *la dureté des formes militaires*, par une sorte de représentation. Les ministres furent réunis en un comité provisoire, chargé de faire *proprio motu*, mais d'accord avec Bertolio, les lois qu'ils jugeraient utiles ; elles devaient être signées et promulguées par le général, suivant le fameux article 369.

Bertolio avoue qu'il fut alors question d'évacuer Rome pour se retirer à Civita Vecchia, où l'on pouvait du moins capituler avec les Anglais. Par orgueil, et aussi par crainte, certains révolutionnaires français et italiens redoutaient de traiter avec les Napolitains et les habitants de la campagne. Bertolio s'y opposa vivement, déclara que cette retraite serait le signal du massacre et des Français et des Romains patriotes, et profita de l'occasion pour faire de grandes phrases. Il était cependant persuadé que la situation était complètement désespérée.

On apprit bientôt à Rome les capitulations de Capoue, de

Gaëte, de Mantoue. Pérouse fut prise par les ennemis. Viterbe était insurgée depuis longtemps. Toute la campagne était au pouvoir des Napolitains et des paysans armés. Bien certains que Rome ne serait pas secourue, ils ne paraissaient pas pressés de l'occuper par force. On envoyait de temps en temps contre eux des colonnes qui remportaient de stériles succès.

Au commencement de fructidor, Bertolio parvient à faire savoir qu'il y a seulement à Rome quatorze cents Français disponibles, et plus de mille malades ; *les dilapidations continuent ;* les Autrichiens sont à Viterbe ; Orvieto est insurgé ; tout est perdu, si l'on n'envoie pas des secours ; pas de nouvelles depuis quatre mois ! Ancone tient encore, mais les vaisseaux russes la bloquent. Civita Vecchia est bloquée par les vaisseaux anglais.

La garnison françaisse deRome sut tenir jusqu'à l'an VIII; mais, dans les premiers jours de vendémiaire, elle fut réduite à entrer en négociation. Le commodore anglais Traubridge, au nom du roi de Naples, accorda une capitulation honorable au général Garnier. Les garnisons de Rome et de Civita Vecchia durent rendre ces deux villes, et les Anglais prirent l'engagement de les transporter à Marseille avec armes et bagages. Les patriotes et les soldats romains purent les suivre ; les propriétés furent garanties, mais les objets d'art que la république s'était adjugés comme conquête furent abandonnés. Les troupes françaises, avec Bertolio et Florent, attendirent quinze jours à Civita Vecchia les bateaux de transport que les Anglais devaient leur fournir, et ne purent débarquer à Marseille que dans les premiers jours de brumaire. Rome était occupée par les Napolitains ; Pie VII, élu dans un conclave tenu à Venise, y entra le 3 juillet 1800.

---

333. — Bruxelles, A. Vromant, imp. rue de la Chapelle, 3.

www.ingramcontent.com/pod-product-compliance
Ingram Content Group UK Ltd.
Pitfield, Milton Keynes, MK11 3LW, UK
UKHW031940260826
14628UKWH00004B/1759

9 782019 636333